MANUEL

DES

POUR LA VILLE DE

SAINT-ÉTIENNE

Rue de la Bourse, 2.

—

MDCCCLXXX

MANUEL

DES

ŒUVRES ET DES INSTITUTIONS CATHOLIQUES

POUR LA VILLE DE

SAINT-ÉTIENNE

——————

MANUEL

DES

ŒUVRES ET DES INSTITUTIONS CATHOLIQUES

POUR LA VILLE DE

SAINT-ÉTIENNE

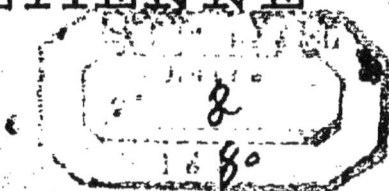

SAINT-ÉTIENNE

CHARTIER & LE HÉNAFF, ÉDITEURS

Rue de la Bourse, 2.

—

MDCCCLXXX

PRÉFACE

~~~~~~~~

Le négociant, l'homme du monde ont leurs annuaires, leurs indicateurs qui les renseignent promptement et sûrement sur tout ce qui les intéresse, pourquoi, nous aussi catholiques, n'aurions-nous pas notre MANUEL des bonnes Œuvres ?

Dans cette pensée nous avons cru bon d'établir, pour la ville de Saint-Etienne, une liste aussi complète que possible, des Œuvres et des Institutions charitables qui florissent autour de nous. Exposer leur but, leur organisation, indiquer leur centre, réunir, en un mot, tous les renseignements nécessaires pour bien les faire connaître, leur attirer des sympathies et profiter de leur précieux concours, telle est, en effet, la fin que nous nous sommes proposée en publiant le présent MANUEL.

Nous le divisons en cinq chapitres :

I. Œuvres et Institutions générales de l'Eglise.

II. Œuvres et Institutions nationales.

III. Œuvres et Institutions diocésaines.

IV. Œuvres et Institutions paroissiales.

V. Œuvres et Institutions locales.

Il sera tenu compte des renseignements et des observations qu'on voudra bien communiquer aux éditeurs.

CHAPITRE PREMIER

Œuvres et Institutions générales de l'Eglise

I

ŒUVRE DU DENIER DE SAINT PIERRE

M. Bréchignac, Gaspard, *Banquier, rue de Foy*, 3.

Cette Œuvre, auxiliaire des quêtes faites dans les églises, a pris naissance dans le diocèse de Lyon, en 1866.

La création de l'Œuvre du Denier de Saint Pierre par *annuité de un franc* a été inspirée par le double désir : de procurer au Saint-Père des ressources régulières et permanentes et d'accroître le nombre des âmes dévouées à cette grande cause de la Papauté, qui est celle de l'Eglise tout entière.

Le système adopté par la Propagation de la Foi, signalé par l'analogie de son objet et recommandé par sa simplicité et ses rapides succès, a paru le plus efficace pour obtenir ce concours universel des catholiques dans une même pensée de dévouement au Saint-Siége.

La souscription annuelle a été fixée au chiffre modique de un franc, afin de rendre plus facile la participation de toutes les classes à cette

Œuvre qui doit être populaire, et afin, d'un autre côté, de ne porter aucune atteinte aux quêtes paroissiales qui auront toujours un si touchant caractère de spontanéité.

Réunies par les chefs de dizaines, les cotisations sont centralisées par les Comités locaux et versées à l'Archevêché.

L'Œuvre ayant pris naissance à Lyon, le travail de sa propagation au dehors a rendu nécessaire la création d'un Conseil spécial indépendant du Conseil diocésain et qui est qualifié : Conseil des Directeurs de l'Œuvre. Ce Conseil s'occupe :

1° De la propagation de l'Œuvre dans tous les diocèses de la France et même de l'étranger ;

2° De la publication annuelle d'un rapport général constatant les progrès de l'Œuvre et les sommes recueillies dans chaque diocèse ;

3° De la publication trimestrielle d'un bulletin qui indique les mesures générales de propagande et mentionne les avis que les Conseils diocésains désirent faire parvenir à leurs souscripteurs.

Le fait seul d'obtenir de nouveaux coopérateurs à l'Œuvre du Denier de Saint Pierre aura sans doute pour résultat d'augmenter le nombre de ceux qui prient pour l'Eglise et pour son chef. Néanmoins, pour atteindre avec plus d'efficacité ce but important de l'Œuvre, la fête de la Chaire de Saint Pierre à Rome et la fête de Saint Pierre et Saint Paul ont été choisies comme fêtes de l'Œuvre.

Dans le mois de novembre, une messe de *Requiem* est dite pour les souscripteurs défunts.

Directeurs de l'Œuvre à Lyon :

MM. Cottin (Joseph-Régis), rue Terraille, 15.

Desgeorges (Amédée), rue Puits-Gaillot, 19.

Ducruet (Joseph), quai de l'Archevêché, 25.

Foray (Aimé), rue Tramassac, 11.

Galliard (Emmanuel), rue Bourbon, 44.

Jaillard (Joseph), rue du Plat, 4.

L'abbé Marthoud (Louis), rue Saint-Dominique, 11.

Perrin (Gabriel), rue Bourbon, 30.

Quisard (Francisque), rue des Marronniers, 2.

On peut s'adresser, pour les renseignements, à *Lyon,* à M. Foray, rue Tramassac, 11, ou au bureau de l'*Echo de Fourvière,* rue Gasparin, 27, et à *Saint-Etienne,* pour les versements de fonds et les renseignements, à M. Bréchignac (Gaspard), banquier, rue de Foy, 3.

On peut également verser le montant des souscriptions et le produit des collectes entre les mains de MM. les Curés de la ville.

II

ŒUVRE PONTIFICALE DES VIEUX PAPIERS (¹)

(Annexe du Denier de Saint Pierre)

Colligite fragmenta ne pereant !
Recueillez les débris pour ne rien laisser perdre !

JEAN VI-12.

Dépôt : Mlle FAURE, *rue de Lyon,* 11.

Dans les graves circonstances où nous nous trouvons, plus que jamais les fidèles se demandent ce qu'ils pourraient faire pour seconder, spirituellement et matériellement, le Chef bien-aimé de l'Eglise ; sans préjudice des grandes Associations de piété et de zèle qui méritent d'exciter tous les dévouements, l'Œuvre pontificale des Vieux-Papiers leur est indiquée comme un des moyens de répondre aux désirs de notre grand Pape, et, notons cet avantage rare, sans aucun frais, nous pourrions presque ajouter, sans aucune peine.

Pour faire connaître d'abord cette Œuvre en peu de mots, disons que, en recueillant les vieux papiers, les vieux livres, les vieilles brochures, etc., elle fait ce triple bien, de première

(¹) Cette Œuvre a reçu, le 24 février 1875, l'approbation et l'encouragement de Mgr Ginoulhiac, archevêque de Lyon.

importance dans les circonstances actuelles :

1º *Elle procure au Souverain Pontife des ressources* nécessaires pour le gouvernement de l'Eglise. D'après un très-intéressant rapport sur cette Œuvre, qui fut lu au Congrès de Poitiers, au mois d'août 1875, par M. l'abbé GARNIER, directeur de la *Semaine religieuse* de Langres, l'Œuvre des Vieux-Papiers avait déjà versé dans la caisse pontificale une somme de *vingt mille francs ;* depuis cette époque, malgré des frais considérables, nécessités par une sérieuse installation, plusieurs autres versements successifs se sont élevés à près de *quinze mille francs.*

2º *Elle facilite la destruction d'une quantité de mauvais livres,* dont beaucoup de personnes n'auraient pas autrement la pensée ou le courage de se défaire. Or, il n'est pas téméraire d'affirmer que, dans un avenir plus ou moins éloigné, ces publications empoisonnées auraient pu tomber en des mains coupables ou imprudentes, et causer la perte éternelle d'un grand nombre d'âmes. Au Congrès de l'Union des Œuvres catholiques ouvrières, tenu à Reims, au mois d'août 1875, le rapport de M. l'abbé DIMEY, curé-doyen du diocèse de Langres, portait le nombre des mauvais livres déjà détruits par l'Œuvre des Vieux-Papiers au chiffre de *cent vingt mille volumes,* et, au commencement de 1879, il n'est pas téméraire d'élever ce nombre jusqu'à *deux cent mille.*

3° *Elle met en circulation beaucoup de bons livres,* qui, trop souvent, après une première lecture, seraient demeurés stériles. On cherche tous les moyens de composer et d'imprimer de bons ouvrages à bon marché, pour paralyser, autant que possible, le mal effroyable causé par la mauvaise presse, et on a, certes, grandement raison; mais ne serait-ce pas une inconséquence de négliger les moyens d'utiliser d'excellents livres, tout imprimés, qui dorment sous la poussière, dans le coin des maisons chrétiennes, et qui n'attendent qu'une main diligente pour *être mis au jour,* devenir en quelque sorte l'objet d'une *nouvelle édition,* et servir peut-être de premiers fondements à la bibliothèque d'une Œuvre catholique ?

L'Œuvre des Vieux-Papiers a été approuvée dès son origine, en 1869, par un grand nombre d'évêques, puis en 1870 et en 1875 par deux Brefs du Souverain-Pontife, qui, le 17 novembre 1876, envoyait un nouveau bref à son fondateur, M. Charles MENNE, pour le nommer chevalier de l'Ordre de Saint Sylvestre.

Naguère encore, le 28 novembre 1878, S. S. le Pape Léon XIII daignait envoyer à M. MENNE un autre Bref magnifique, où se trouve clairement indiqué et vivement encouragé le triple but de l'Œuvre que nous avons mentionné dans le paragraphe précédent.

Etant affiliée à l'Association de Saint Michel, établie par le R. P. LACOSTE, de la Compagnie de Jésus, pour la destruction des mauvais livres, l'Œuvre des Vieux-Papiers communique, à toutes les personnes qui lui adressent des livres de cette nature, les indulgences accordées récemment à l'Association de Saint Michel : *dix ans* et *dix quarantaines* pour la destruction d'un seul mauvais livre.

L'*Œuvre des Vieux-Papiers* reçoit tous les papiers, quels qu'ils soient : livres, ouvrages complets et dépareillés, brochures, circulaires, copies d'écoliers, cartes de visites, livres de commerce, journaux, vieux cartons, papiers d'emballage, etc., etc.

Ainsi que les mauvais livres, *les papiers de famille et de correspondance sont déchirés.*

Pour obtenir une vérification plus sûre (par une Commission composée d'ecclésiastiques) des livres et papiers qui arrivent, on a, sur l'avis qu'en a donné Mgr de Langres, supprimé la maison succursale qui avait été établie à Paris. En conséquence, tous les envois devront être adressés à *M. Charles Menne, directeur de l'Œuvre, à Langres* (Haute-Marne), centre de l'Œuvre, par petite vitesse.

Les emballages se font soit dans des sacs,

soit dans des caisses, en ayant soin de déclarer toujours *Vieux-Papiers* et jamais *Vieux-livres* afin que les frais de port soient moins élevés.

Afin que ces mêmes frais n'absorbent pas les bénéfices de l'Œuvre, on est prié de vouloir bien n'expédier que des envois de *cent kilos* au moins.

A *Saint-Etienne*, on peut déposer les vieux papiers, les vieux livres, les journaux, les annales, les registres de commerce, les cartons de fabrique et autres, etc., etc., chez Mlle FAURE, rue de Lyon, 11, au 1er, d'où ils sont expédiés, sans frais, à Langres.

On se charge aussi sans frais, pour les donateurs, de faire faire à domicile les emballages d'un gros volume.

Les plus humbles paquets comme les plus gros colis sont reçus avec gratitude.

III

PROPAGATION DE LA FOI

Correspondant à Saint-Etienne : M. l'abbé DUPUIS, *vicaire à Sainte-Marie.*

L'Œuvre de la Propagation de la Foi, fondée à Lyon, en 1822, s'est répandue en peu de temps dans tous les diocèses de la France et dans les pays étrangers ; elle compte un très-grand nombre d'associés.

Elle a pour but unique d'aider, par des prières et par des aumônes, les missionnaires catholiques chargés de la prédication de l'Evangile par toute la terre et de secourir les églises catholiques dans les pays protestants ou schismatiques.

L'Œuvre est administrée par deux conseils centraux, composés d'ecclésiastiques et de laïques qui siégent l'un à Lyon, *place Bellecour, 31*, l'autre à Paris, *rue Cassette*, *22*. Chaque conseil élit son Président et son Trésorier et s'entend avec l'autre conseil pour la répartition des fonds entre les différentes missions.

Il y a en outre, partout où l'Œuvre est parfaitement établie, des conseils diocésains et dans beaucoup de paroisses des conseils paroissiaux chargés de recueillir les souscriptions.

Les fonctions de tous les membres sont gratuites.

Pour être membre de l'Œuvre, il suffit : 1° d'appliquer à son intention le *Pater* et l'*Ave* de la prière du matin ou du soir de chaque jour, et d'y joindre cette invocation : *Saint François-Xavier, priez pour nous !* 2° de donner en aumône, pour les missions, cinq centimes par semaine (2 fr. 60 par an).

Pour la plus facile perception des aumônes,

un souscripteur par dix est chargé de les re-cueillir ; il en verse le montant entre les mains d'un autre membre de l'Œuvre qui a dix col-lectes semblables à recevoir, c'est-à-dire cent souscripteurs, et celui-ci verse à son tour sa recette entre les mains d'un troisième, chargé de réunir dix recettes de même valeur, c'est-à-dire mille souscriptions.

On reçoit avec reconnaissance les dons que feraient les souscripteurs en sus de leur rétribu-tion et ceux des personnes étrangères à l'Œu-vre. Les intentions des donateurs sont scrupu-leusement exécutées.

Les nouvelles reçues des missions sont, par les soins des deux Conseils, publiées dans un recueil paraissant tous les deux mois et destiné à faire suite aux Lettres édifiantes, sous le titre d'*Annales de la Propagation de la Foi*. Cette publication renferme en outre, chaque année, le compte-rendu des aumônes recueillies, par diocèse, et la répartition qui en a été faite en-tre les différentes missions. Toute personne qui réunit dix souscriptions, en comptant la sienne, a droit à un exemplaire des *Annales*, dont elle procure gratuitement la lecture aux neuf autres personnes.

Tous les ans, il est célébré dans l'Eglise ca-thédrale de Lyon et dans l'Eglise des Missions-Etrangères, à Paris, une messe pour le repos de l'âme des missionnaires et des souscripteurs décédés ; un sermon est prêché en faveur de l'Œuvre.

Pour les ornements sacerdotaux, linge, missels et tous objets servant au culte, à l'usage des missionnaires, s'adresser à l'Œuvre apostolique, *place Bellecour, 26*, à Lyon, et *rue de Monsieur, 12*, à Paris ([1]).

On souscrit dans toutes les paroisses et dans toutes les communautés, hospices ou colléges.

Président du Comité diocésain : M. BONNET, rue Bourbon, 22, à Lyon.

Correspondant de l'Œuvre à Saint-Etienne : M. l'abbé DUPUIS, vicaire à Sainte-Marie.

IV

LES MISSIONS CATHOLIQUES

Bulletin hebdomadaire illustré de l'*Œuvre de la Propagation de la Foi.*

Fondées en 1868 par les Conseils centraux de l'Œuvre de la Propagation de la Foi, *les Missions catholiques* comptent aujourd'hui des souscripteurs dans tous les pays et sont traduites en trois langues.

([1]) Voir page 19.

Elles ont été l'objet des approbations les plus flatteuses. Sa Sainteté Pie IX, après leur avoir accordé trois fois la bénédiction apostolique, a daigné leur adresser, à la date du 15 mai 1876, un bref d'encouragement. En 1875, au Congrès international des sciences géographiques (VIIe groupe), elles ont obtenu une mention honorable.

Les Missions catholiques paraissent tous les vendredis, par numéro de douze pages à deux colonnes. Chaque numéro se compose de deux parties : la première fait connaître les travaux quotidiens de nos missionnaires ; la seconde comprend des relations de voyages, des études géographiques, ethnographiques, bibliographiques, etc. *Les Missions catholiques* publient aussi des cartes et des dessins entièrement inédits, envoyés par les missionnaires.

Prix d'abonnement : 10 fr. par an pour la France ; 12 fr. pour l'Union postale.

Le mode le plus simple d'abonnement est de prendre un mandat sur la poste au nom du directeur des *Missions catholiques*, 6, rue d'Auvergne, à Lyon.

Le produit des abonnements aux *Missions catholiques* est versé dans la caisse de l'Œuvre de la Propagation de la Foi.

V

ŒUVRE APOSTOLIQUE SOUS LE PATRONAGE DES SAINTES FEMMES DE L'ÉVANGILE

A Paris, *rue de Monsieur*, 12 (VIIe arrondissement)

Fondée en 1838 et actuellement établie dans plusieurs diocèses de France, l'Œuvre apostolique a pour but de coopérer à l'expansion de la Foi, en venant en aide aux besoins spirituels et matériels des différentes missions. En pays étranger, elle leur procure les objets nécessaires ou utiles, soit à la célébration des Saints Mystères, soit à l'administration des Sacrements, à la décoration des églises, à l'édification des fidèles, soit encore aux missionnaires eux-mêmes ou à leurs néophytes.

Ses dons consistent en objets confectionnés, autant que possible, par les Associées elles-mêmes, dans les ouvroirs où elles se réunissent. Elle tire ses ressources des offrandes en argent et en nature, des souscriptions, quêtes et sermons de charité, et surtout des travaux manuels exécutés par les Membres de l'Œuvre.

Une exposition annuelle réunit, avant la répartition générale, les travaux des ouvroirs de Paris et ceux des villes affiliées à l'Œuvre. A Lyon, cette exposition a lieu chaque année dans la salle des Pas-Perdus, à l'Archevêché.

Les souscriptions spéciales d'un certain nombre d'Associées de l'Œuvre lui ont permis de venir en aide aux Missionnaires, en favorisant dans les Missions les vocations indigènes. L'Œuvre adopte dans les Séminaires, sur la demande des Vicaires Apostoliques, des élèves indigènes qui plus tard doivent rester dans le clergé séculier, et elle paye leur pension jusqu'à leur admission dans le Sacerdoce.

COMITÉ DE PARIS, RUE MONSIEUR, 12.

Directeur général : Mgr GAUME, protonotaire apostolique, rue de Sèvres, 16.

Présidente générale : Mlle DU CHESNE, rue de Monsieur, 12.

Trésorière générale : Mme DE LEFFEMBERG, rue de Solférino, 6.

Secrétaire générale : Mme DE BROSSARD, rue de Grenelle, 82.

Directrice du travail : Mlle DE FINANCE, rue des Missions, 39.

COMITÉ DE LYON, PLACE BELLECOUR, 26.

Présidente : Mme BLANCHON DU BOURG, chemin du Petit-Sainte-Foy, 35.

Vice-Présidente : Mme RAMBAUD, place Bellecour, 26.

Secrétaire : Mlle GROBOZ, place Bellecour, 26.

Trésorières : Mlles DU BOURG, rue Constantine, 15.

Directrice du travail : Mme RAMBAUD, place Bellecour, 26.

VI

SAINTE-ENFANCE

Bureau de Saint-Etienne : A L'HOSPICE DE LA CHARITÉ, *rue Valbenoîte, 40.*

Fondée en 1843 par Mgr de FORBIN-JANSON, évêque de Nancy; continuée par M. l'abbé JAMMES, ancien vicaire général et chanoine titulaire de l'Eglise de Paris ; encouragée d'abord par NN. SS. les Evêques et approuvée ensuite par le Saint-Siége, l'Œuvre de la Sainte-Enfance a reçu une consécration plus solennelle encore par un Bref de Sa Sainteté le Pape PIE IX, en date du 18 juillet 1856. Par ce Bref, un cardinal est donné à l'Œuvre comme protecteur et tous les évêques de l'univers sont invités à introduire l'Œuvre chacun dans son diocèse.

L'Œuvre de la Sainte-Enfance a pour but le *baptême,* le *rachat* et l'*éducation chrétienne* des enfants nés de parents infidèles en Chine ou dans les autres pays idolâtres. Quant à son organisation :

1º L'Œuvre est placée sous l'invocation de Jésus-Enfant ;

2º Tout enfant baptisé peut-être membre de cette association ;

3º Les membres de l'Œuvre peuvent y demeurer agrégés toute leur vie ; mais à l'âge de 21 ans, aucun d'eux ne continue d'en faire partie, s'il n'appartient en même temps à la grande association de la Propagation de la Foi ;

4º La cotisation pour chaque membre est de *cinq centimes* par mois ;

5º Des zélateurs ou des zélatrices, outre leur cotisation personnelle, s'engagent à réunir les cotisations de onze autres personnes.

6º Le directeur spirituel est de droit M. le Curé de la paroisse dans laquelle elle s'établit, ou un prêtre désigné par lui pour le remplacer.

Il choisit dans la paroisse un certain nombre de personnes zélées qui s'intéressent spécialement au progrès de l'Œuvre.

Les ressources de l'Œuvre sont fixes ou éventuelles. Les ressources fixes sont : 1º les cotisations de cinq centimes par mois ; 2º les souscriptions et les abonnements.

Les ressources éventuelles résultent des quêtes et des dons volontaires.

Le produit en est centralisé au conseil de l'Œuvre, à Paris, rue du Bac, 97, et tous les ans il en est fait une répartition entre les divers vicariats apostoliques pour les aider à sauver les enfants abandonnés en si grand nombre dans ces contrées païennes et à fonder et soutenir les établissements en leur faveur.

Cette répartition est publiée chaque année dans les Annales que reçoivent chaque zélateur et zélatrice.

Chaque membre de l'association récite tous les jours, ou, s'il est trop jeune encore, on récite pour lui : 1° un *Ave Maria* (il suffit d'appliquer à cette intention celui de la prière du matin ou du soir); 2° l'invocation suivante : *Vierge Marie, priez pour nous et pour les pauvres petits enfants infidèles.*

Comme lien spirituel entre les enfants bienfaiteurs et les enfants objets de l'Œuvre, les noms de baptême à donner aux enfants infidèles sont, autant que possible, choisis parmi ceux de leurs jeunes protecteurs.

Parmi les intentions des prières et des messes de l'Œuvre est comprise, en faveur des mères chrétiennes, une intention spéciale pour obtenir que tous leurs enfants arrivent à la grâce du saint baptême.

Ces prières et ces messes ont également pour objet d'attirer sur eux les grâces de l'Association, pour que ces enfants se disposent plus saintement au grand jour de leur première communion, et qu'ils persévèrent dans leurs bonnes résolutions.

Chaque année pendant le carême, une messe solennelle est célébrée pour les membres *vivants* et *défunts* de l'Association, dans une des principales églises de la ville.

Après le sermon, une quête est faite au profit de l'Œuvre par quelques-uns des jeunes associés.

La messe est suivie de la consécration des Associés à l'Enfant Jésus et de la bénédiction solennelle de tous les enfants présents.

Bureau diocésain à Lyon :

M. l'abbé LIÉNARD, chapelain de la Primatiale, quai de l'Archevêché, 25.

Bureau de Saint-Etienne :

M. l'AUMÔNIER de la Charité, rue Valbenoîte, 40.

On trouve au bureau de l'Œuvre : 1° des images et des médailles ; 2° les Annales de l'Œuvre.

On prête, pour les fêtes, une statue de l'Enfant-Jésus.

La collection entière des Annales de l'Œuvre peut aussi y être consultée.

COMITÉ DES DAMES ZÉLATRICES :

Présidente : Mme BALAY-JACQUEMONT, place Marengo, 13.

Vice-présidente : Mlle PALIARD Marguerite, place Marengo, 19.

Secrétaire : Mlle BAYLE Marie-Thérèse, place Marengo, 2.

Membres : Mlles BAYLE Alice, place Marengo, 2.

PARADIS Léonie, rue du Palais-de-Justice, 1.
BAYON Amanda, rue de la Bourse, 32.
GUTTON Marie, rue de Lodi, 2.
TESTENOIRE-LAFAYETTE, rue de la Bourse, 28.
BODOY Clarisse, rue du Palais-de-Justice, 1.
RATHERON, rue de Roanne, 22.

VII

ŒUVRE DES ÉCOLES D'ORIENT

Trésorier : M. Lucien THIOLLIER *13, rue des Jardins.*

L'Œuvre des Ecoles d'Orient, solennellement approuvée par le Saint-Siége, légalement autorisée en France, a pour but de ramener, par le jeune âge, l'Orient à la vraie foi en y fondant et y entretenant des écoles, des asiles, des crèches, des orphelinats, des ouvroirs, des patronages, des pensionnats, des colléges, des séminaires, des refuges, des noviciats, des communautés catholiques avec les Œuvres qui s'y rattachent naturellement.

Les souscriptions se recueillent par décuries.

Pour constituer une décurie, il suffit d'une somme annuelle de 10 fr., soit qu'on la fournisse seule, soit qu'on y arrive par fractions de 1 fr., en s'associant plusieurs ensemble. Chaque somme annuelle de 10 fr. donne droit à la réception d'un exemplaire du Bulletin qui paraît tous les deux mois.

A la tête de chaque décurie se trouve un collecteur ou une collectrice qui reçoit et fait circuler les Bulletins, provoque les versements, et en remet le montant au trésorier du Comité qui le transmet lui-même à la direction générale de l'Œuvre.

La répartition des fonds est faite chaque année par le Conseil général de l'Œuvre, sur le rapport d'une Commission spéciale à laquelle le directeur de l'Œuvre fournit tous les documents utiles.

L'Œuvre étant placée sous la protection de la Très-Sainte Vierge et de Saint Jean-Chrysostôme, les membres de l'Œuvre sont invités à réciter tous les jours : 1° un *Ave Maria* ; 2° l'invocation : *Saint Jean-Chrysostôme, priez pour nous.*

Toute personne faisant une fondation en

faveur de l'Œuvre, a part à une messe qui se dit tous les mois.

S'adresser à M. le Directeur de l'Œuvre des Ecoles d'Orient, 12, rue du Regard, à Paris, et à Saint-Etienne, au trésorier, M. Lucien Thiollier, *13, rue des Jardins.*

VIII

ŒUVRE DES PÈLERINAGES EN TERRE SAINTE

Secrétariat : rue Furstenberg, 6, à Paris.

Cette Œuvre a été fondée en 1853 à Paris, pour faciliter la visite des Lieux-Saints aux catholiques de tous les pays qui veulent aller prier sur le tombeau de Notre-Seigneur. Elle est dirigée par un Conseil. Ce Conseil a pour mission de prononcer l'admission des pèlerins, de préparer l'organisation des caravanes, d'assurer par ses relations en Orient la sécurité et la bonne direction des voyages, et enfin de servir, pour la réduction des prix, d'intermédiaire officieux entre les pèlerins et les Compagnies ou agents chargés du transport.

Il est organisé en général deux voyages par an, au mois de mars ou au mois d'août. Le chiffre de douze pèlerins est le minimum pour chaque voyage. La durée du voyage, de Mar-

seille jusqu'au retour à Marseille, est environ de
six semaines. Le prix varie, suivant les classes
sur le paquebot et les itinéraires, entre 870 fr.
et 1,442 fr. (janvier 1876). Les billets sur les
paquebots sont valables pendant quatre mois.

Les demandes doivent être adressées au
secrétariat six semaines au moins avant le dé-
part et être accompagnées, pour les laïques, de
la recommandation d'un ecclésiastique ; pour
les ecclésiastiques, de l'autorisation de l'évêque
de leur diocèse.

Président du Conseil de l'Œuvre : M. A.
BAUDON, place du Palais-Bourbon, 6, à Paris.

Secrétaire : M. Clément JUGLAR.

S'adresser au secrétariat général de l'Œuvre,
rue Furstenberg, 6, à Paris.

CHAPITRE II

Œuvres et Institutions nationales

I

ŒUVRE DU VŒU NATIONAL AU SACRÉ-CŒUR DE JÉSUS

A Paris, *rue Furstenberg, 6*

Vers la fin de 1870, quelques âmes chrétiennes conçurent la pensée de travailler à l'érection d'un sanctuaire dédié au Sacré-Cœur de Jésus, pour obtenir la délivrance du Souverain-Pontife et le salut de la France.

Le sanctuaire projeté s'élève sur la colline de Montmartre à Paris, et la loi du 25 juillet 1873 a reconnu le caractère national de l'Œuvre en donnant à S. Em. le Cardinal-Archevêque de Paris les facilités nécessaires pour l'acquisition des terrains et la construction de l'église votive.

Une chapelle provisoire a été élevée sur une partie des terrains achetés par Son Eminence, rue de la Fontenelle, 31. Tous les jours, la Sainte Messe est célébrée et des prières sont dites pour la délivrance du Souverain-Pontife et le salut de la France. En outre, une Confrérie du Sacré-Cœur a été instituée dans cette même chapelle, sous la direction du Père supérieur des Oblats de Marie-Immaculée, chargés de desservir le sanctuaire du Vœu national.

Les fondations du sanctuaire sont achevées (décembre 1878) et la crypte elle-même va bientôt atteindre son sommet.

L'Œuvre, honorée de plusieurs Brefs et de riches offrandes personnelles du Souverain-Pontife et de l'approbation de la plupart des Archevêques et Évêques de France, est placée sous l'autorité de S. Em. le Cardinal-Archevêque de Paris, qui en a confié la propagande et la direction financière à un comité nommé par lui.

Elle reçoit toutes les offrandes, même les plus modiques ; elle accepte aussi des dons en nature.

On peut envoyer les souscriptions et les listes d'adhésion rue Furstenberg, 6, à Paris, au nom de M. Théodore DAUCHEZ, trésorier, ou de MM. LEGENTIL et H. ROHAULT DE FLEURY, secrétaires. On peut aussi prendre à cette adresse des abonnements au *Bulletin mensuel* de l'Œuvre.

Pour les messes, les prières, les recomman-

dations, les demandes d'affiliation à la Confrérie du Sacré-Cœur, les *ex-voto* à faire placer
dans la chapelle provisoire, s'adresser au R. P.
Rey, supérieur, rue de Fontenelle, 31 (XVIIIe
arrondissement).

A Saint-Etienne, on peut verser les offrandes entre les mains de MM. les Curés qui les
font parvenir à l'Archevêché.

II

ASSOCIATION CATHOLIQUE DE SAINT FRANÇOIS DE SALES

POUR LA DÉFENSE ET LA CONSERVATION DE LA FOI

« *Propagation de la Foi pour la France.* »
Pie IX.

A Saint-Etienne : *Le Clergé des Paroisses.*

Cette grande Œuvre de foi, de charité et de
salut public, est née en 1857, d'un désir exprimé
en 1856 par N. T.-S. P. le Pape Pie IX :
« *Je voudrais,* disait-il, *voir s'établir dans
les contrées catholiques, une sorte de Propagation de la Foi à l'intérieur, pour aider le
clergé à défendre et à conserver la Religion,
en face des attaques chaque jour croissantes de
l'impiété révolutionnaire, des sectes maçonni-*

ques, de la mauvaise presse et de la propagande protestante. »

De cette parole est née l'Association catholique de Saint François de Sales, pour la conservation et la défense de la Foi dans les pays
catholiques. Elle a été accueillie immédiatement
par un grand nombre d'évêques.

Son organisation est des plus simples. A
Rome, un Cardinal-Protecteur représente
l'Œuvre auprès du Saint-Siége, et lui conserve
son caractère catholique, apostolique, romain.
A Paris, un Conseil central, présidé par Mgr
DE SÉGUR, correspond dans chaque diocèse avec
un représentant officiel de l'évêque, qui prend le
nom de directeur diocésain. Celui-ci propage,
développe, vivifie l'Œuvre par tous les moyens
possibles ; il tâche de l'établir dans tous les
cantons du diocèse, au moyen de sous-direc-
teurs diocésains et de comités d'hommes pieux
et de dames. Il reçoit et transmet les demandes
de secours.

L'Œuvre est organisée par dizaines comme
la *Propagation de la Foi.* Chaque chef de
dizaine a droit au *Bulletin mensuel,* qu'il tâche
de faire lire exactement par tous ses Associés.
La cotisation est fixée à un minimum d'*un
sou par mois,* douze sous par an, et le directeur
diocésain se charge de recueillir les collectes
pour les transmettre au Conseil central.

Les aumônes recueillies par l'Œuvre soutiennent les quatre principales espèces d'Œuvres religieuses capables de réaliser plus directement le but de l'Association : 1º la fondation, le soutien, le développement de toutes les Œuvres d'éducation et de persévérance chrétiennes : asiles, écoles, patronages, ouvroirs, cercles de jeunes ouvriers, Œuvres militaires, etc. ; 2º la diffusion des bons livres populaires, des bibliothèques paroissiales, des opuscules de propagande ; 3º la prédication des missions et retraites populaires, soit dans les villes soit dans les campagnes ; 4º enfin l'assistance en argent aux églises tellement pauvres, que la célébration du culte divin y devient presque impossible, ainsi que la sanctification du dimanche.

Les demandes de secours doivent être apostillées par l'Évêque du diocèse.

Les indulgences et faveurs spirituelles accordées à l'Association sont très-grandes. Pour les gagner et pour être membre de l'Œuvre, il faut donner au moins douze sous par an et réciter autant que possible chaque jour un *Ave Maria* et une invocation à Saint François de Sales, en union avec tous les Associés.

L'Association publie tous les mois un *Bulletin* ; le prix de l'abonnement est de 3 fr. par an. Toute personne qui réunit trois dizaines de souscriptions a droit à un abonnement gratuit.

Conseil central de Paris :

Président : Mgr DE SÉGUR, rue du Bac, 39.

Vice-présidents : MM. l'abbé D'HULST, vicaire général, rue de Varennes, 90 ; le R. P. PÉTÉTOT, supérieur de l'Oratoire, rue du Regard, 11 ; le R. P. PICARD, religieux de l'Assomption, rue François Iᵉʳ, 8.

Vice-président et secrétaire-général : M. le marquis de Ségur, rue de Bellechasse, 72.

Trésorier-général : M. le comte d'ESGRIGNY.

Les lettres et les demandes doivent être adressées au secrétariat, à M. Lermigny, passage Sainte-Marie, 11 *bis.*

DIOCÈSE DE LYON

A Lyon, l'Œuvre de Saint-François de Sales n'est affiliée à celle de Paris que pour le spirituel. Elle a, dans le diocèse, son organisation propre, son conseil, son Bulletin mensuel, son secrétariat, etc.

Conseil de l'Œuvre :

Président : Mgr le Cardinal archevêque de Lyon ;

Vice-président : M. RICHOUD, vicaire-général ;

Secrétaire : M. LIÉNARD, chapelain, quai de l'Archevêché, 25.

Trésorier : M. FLACHAIRE, rue Puits-Gaillot, 19.

MM. GOUTARD, curé de Saint-Jean ;

DEVIENNE, chanoine de la Primatiale ;

DUTEL, chanoine, curé d'Ainay ;

COUDOUR, chanoine, curé de N.-D. Saint-Vincent ;

GOURGOUT, chanoine, curé de Saint-François ;

PUPIER, curé de Saint-Pothin ;

NAPOLIER, curé de Saint-Eucher ;

PERRIER, aumônier des Frères, rédacteur du *Bulletin ;*

DE LA PERRIÈRE, avocat, place Léviste, 4 ;

MEYNIS, place Bellecour, 31 ;

DES GARETS, rue Saint-Joseph, 31 ;

EMPAIRE, rue de Lyon, 22 ;

BLANCHON, rue Gasparin, 27 ;

DUCRUET (Joseph), quai de l'Archevêché, 25.

Verser les cotisations à l'Archevêché ou au Secrétariat de l'Œuvre, quai de l'Archevêché, 25, où l'on trouvera aussi les *Bulletins.*

Ouvert de 8 à 10 heures du matin, et de 3 à 6 heures du soir.

Sous-direction de Saint-Etienne :

L'Œuvre est déjà établie dans plusieurs paroisses et dans plusieurs communautés, s'adresser au clergé des paroisses.

III

ŒUVRE NATIONALE DES ORPHELINS DE LA GUERRE

(1870-1871)

Secrétariat : Paris, rue de Lille. 3.

Cette Œuvre a été fondée immédiatement après la guerre. Elle a pour but de venir en aide aux enfants dont les pères sont morts pour la défense du pays, soit qu'ils aient été tués sur le champ de bataille, soit qu'ils aient succombé aux maladies contractées dans leur service militaire.

Un Comité central d'administration, siégeant à Paris, a créé dans chaque département un ou plusieurs Sous-Comités pour recueillir les fonds dans le département au moyen de quêtes et de souscriptions et rechercher, adopter et secourir les orphelins de la guerre.

L'Œuvre a ainsi adopté cinq mille orphelins, ou orphelines. Le choix du mode de secours a été laissé à chaque Comité ou Sous-Comité. Les enfants ont été, selon les circonstances, placés dans des orphelinats, laissés dans leur famille ou aux personnes charitables qui les avaient recueillis. Il a été donné à chacun d'entre eux un livret de caisse d'épargne spécial, calculé de manière à assurer à chaque enfant 100 fr. par an jusqu'à sa seizième année.

Les enfants placés dans les établissements emploient le montant de leur livret à payer une partie du prix de la pension, et le Comité se charge de payer le surplus. L'Œuvre a terminé ses travaux et n'admet plus d'enfants.

Outre leur livret, il a été constitué aux jeunes filles, par un décret en date du 7 avril 1873, une petite dot de 200 fr. A cet effet, une somme de 500,000 fr. a été versée à la Caisse des Dépôts et Consignations, et chaque jeune fille a reçu un brevet établissant ses droits sur ces 500,000 fr., à une somme de 200 fr. qui lui sera payée, soit à l'époque de son mariage, soit à l'âge de 25 ans accomplis. La dot s'augmente de l'intérêt du capital et de la dot des orphelines décédées, qui se trouvera répartie entre les orphelines survivantes. Si une orpheline dotée vient à mourir avant d'avoir touché sa dot, son acte de décès doit être envoyé au Préfet du département, pour que cette pièce soit transmise à la Caisse des Dépôts et Consignations.

Quand une orpheline a atteint l'un des termes fixés pour le remboursement (mariage ou vingt-cinq ans accomplis), elle doit adresser à M. le Directeur général de la Caisse des Dépôts et Consignations, à Paris, une demande de payement sur papier libre, en ayant soin d'indiquer son adresse, afin qu'il lui soit donné avis des pièces à produire pour toucher sa dot. Toute orpheline qui n'aura pas fait cette demande dans l'année qui suivra l'expiration des termes sus énoncés sera déchue de ses droits. (Art. 3 du décret du 7 avril 1873.)

Présidente de l'Œuvre : Mme THIERS.

Vice-présidente : Mme la Maréchale DE MAC-MAHON.

Trésorière : Mlle DOSNE.

Secrétaire : M. A. FAURE.

Le Secrétariat est ouvert, à Paris, rue de Lille, 3, le mardi et le jeudi de chaque semaine, de 2 à 3 heures.

IV

ŒUVRE DES PÈLERINAGES

Comité général, à Paris : rue François Ier, 8.

Comité de Saint-Etienne : M. SYLVAIN-CHATAIN, rue de Paris, 1.

Le Conseil général des pèlerinages s'est formé en 1872 dans le but de favoriser en France le mouvement des pèlerinages, soit en les provoquant et les organisant lui-même, soit en aidant les initiatives individuelles par des démarches auprès des compagnies de chemins de fer.

Il se met en relation avec les directeurs des sanctuaires où devront se faire les pèlerinages, afin de régler les préparatifs, fait connaître les conditions des pèlerinages décidés et provoque la formation en province de Comités organisés sur les mêmes bases.

Les Comités locaux sont chargés de la direction des pèlerinages de leurs diocèses respectifs.

La caisse de l'Œuvre est alimentée par les aumônes et par les sommes demandées aux pèlerins à titre de frais généraux.

Un journal hebdomadaire « *le Pèlerin* » sert d'organe au Conseil général de l'Œuvre.

Directeur : le R. P. PICARD, supérieur des Pères de l'Assomption, rue François Iᵉʳ, 8, à Paris.

Sous-Directeur : le R. P. BAILLY, assomptioniste.

Président : M. le vicomte DE DAMAS.

Secrétaire : le R. P. GERMER-DURAND, assomptionniste.

Trésorier : M. le duc DE CHAULNES.

Adresser les demandes de renseignements au siége du Comité général, rue François Iᵉʳ, 8.

Comité de Saint-Etienne :

Président : M. Auguste GERIN, à Veauche (Loire).

M. l'abbé DEVUNS, aumônier militaire.

M. SYLVAIN-CHATAIN, rue de Paris, 1.

M. André DENIS, place Jacquard, 11.

V

ŒUVRE DES CAMPAGNES

Paris : M⁰⁰ CASENAVE, *Trésorière,* rue de Bellechasse, 11.

Cette Œuvre se propose de procurer des Missions, sur la demande de l'autorité ecclésiastique, au plus grand nombre possible de paroisses rurales pauvres ; de concourir à l'établissement de Sœurs à la fois institutrices et hospitalières ; de répandre de bons livres dans les écoles et les familles ; de fonder de petites pharmacies et toutes les Œuvres de Charité et de piété qui peuvent s'établir dans les campagnes.

Elle demande à ses membres: 1° de verser dans la caisse centrale une cotisation de 12 fr. par an ou de recueillir douze cotisations de 1 fr. ; 2° de chercher à créer des conseils diocésains dans le plus grand nombre de diocèses.

L'Œuvre est administrée par un Conseil central.

Les demandes doivent être signées par les curés, apostillées par l'autorité diocésaine et adressées à Mme CASENAVE, trésorière, rue de Bellechasse, 11, à Paris.

L'Œuvre des campagnes publie un *Bulletin* qui paraît tous les deux mois, rend compte de ses travaux et de ses projets et est envoyé à tous ses souscripteurs de 12 fr.

Directeur : le R. P. BAZIN, rue de Sèvres, 35.

Président : M. le comte DE LAMBEL, rue St-Dominique, 33.

Secrétaire : Mme DE LA ROQUETTE, rue de l'Université, 25.

VI

ASSOCIATION EN FAVEUR DES ÉGLISES PAUVRES

Vice-Présidente : Mlle FANNY TÉZENAS DU MONTCEL, rue Mi-Carême, 10.

Atelier : rue du Bas-Tardy, 20.

Cette Œuvre a été fondée à Saint-Etienne, vers 1850, par plusieurs dames charitables.

Elle a pour but de fournir des ornements et du linge, d'abord aux églises pauvres du département de la Loire, et, ensuite, aux églises les plus pauvres des autres diocèses de France.

L'association se soutient au moyen d'annuités (l'annuité est de 10 francs par an) de quêtes et de dons volontaires en argent ou en objets pouvant être utilisés par elle, tels que : rubans, velours, soieries, robes, écharpes, mantelets, mousseline, tarlatane, gaze, toiles, dentelles, soies d'Alger et autres. Ces objets sont pour l'Œuvre un véritable trésor.

On peut les adresser à quelques-unes des dames du Comité ou directement à l'atelier des Eglises pauvres, rue du Bas-Tardy, 20. C'est là que, chaque soir, d'admirables ouvrières vont, après leur travail, consacrer leur peu de loisir à confectionner les ornements.

Une exposition publique des objets donnés ou confectionnés par l'Association a lieu tous les ans, les mercredi, jeudi et vendredi de la Semaine sainte.

Directeur, depuis la fondation de l'Œuvre, M. l'abbé GILLIER, rue du Bas-Tardy, 20.

Présidente, Mᵐᵉ Henry PALLUAT DE BESSET, au Coin.

Vice-présidente, Mˡˡᵉ Fanny TÉZENAS DU MONTCEL, rue Mi-Carême, 10.

Trésorière, Mᵐᵉ GRANGER-PAGNON, rue de Foy, 8.

Secrétaire, Mᵐᵉ Jules GERIN, place Marengo, 8.

Ces dames recevront avec empressement les

noms des personnes qui désirent s'associer à leur Œuvre, ainsi que les *Annuels* et toutes les sommes qu'on lui destine.

Un rapport est publié chaque année par les soins de l'Association et est adressé aux membres et aux bienfaiteurs de l'Œuvre.

VII

ŒUVRE DES LAMPES DU TRÈS SAINT-SACREMENT

A Paris : Maison du CORPUS DOMINI, rue Bayen, 22 *bis* (XVII⁰ arrondissement).

Cette Œuvre a été fondée en 1856 par Mlle DE MAUROY, pour permettre aux paroisses pauvres de satisfaire à l'obligation de placer une lampe toujours allumée dans les sanctuaires où le Saint-Sacrement est conservé.

Les demandes doivent être accompagnées d'un certificat de l'autorité ecclésiastique constatant l'absolue pauvreté de la paroisse. Le Conseil de l'Œuvre n'accorde de lampes que si MM. les Curés s'engagent à les laisser perpétuellement allumées et à n'employer le pétrole sous aucun prétexte.

L'Œuvre est dirigée par un Conseil composé de dames.

Directeur, Mgr DE SÉGUR, rue du Bac, 39.

Sous-Directeur, M. le CURÉ DE SAINT-SULPICE.

Présidente, Mlle DE MAUROY, rue Bayen, 22 *bis*.

Secrétaire, M. DE GAVAUDAN.

Les offrandes et souscriptions peuvent être adressées à M. le directeur ou aux membres du bureau de l'Œuvre.

VIII

ŒUVRE DU VÉNÉRABLE DE LA SALLE

POUR LES NOVICIATS DES FRÈRES DES ÉCOLES CHRÉTIENNES

A Saint-Étienne : rue Désirée, 22 ; rue des Chappes, 7

> « Ce qui doit surtout exciter votre zèle, ce sont ces *écoles sans Dieu*, où l'on travaille à corrompre l'enfance et la jeunesse. »
> PIE IX.

Cette Œuvre a pour but de favoriser les vocations religieuses par la création de bourses dans les noviciats des Frères des Écoles chrétiennes. La bourse pour le petit noviciat est fixée à 400 fr. par an. Trois ans de petit noviciat suffisent généralement pour préparer au grand noviciat.

Des petits noviciats sont établis à Paris, Lyon (Caluire), Béziers, Caen (Hirouville), Cambrai, Nantes, Saint-Omer.

L'Œuvre est dirigée par un Conseil dont

Mgr Richard, archevêque de Larisse, coadjuteur de Paris, est président.

Un Comité de dames patronesses réunit les fonds nécessaires pour la création des bourses.

Un *Bulletin* trimestriel rend compte de tout ce qui intéresse l'Œuvre.

S'adresser pour le *Bulletin*, pour les versements de fonds et pour tous les renseignements à M. Didron, trésorier, rue Saint-Dominique, 23, ou au siége de l'Œuvre, rue Oudinot, 27, maison des Frères, à Paris; — *à Saint-Etienne*, au Pensionnat des Frères, rue Désirée, 22, ou au Frère Directeur des Ecoles communales, rue des Chappes, 7.

IX

ŒUVRE DES JUVÉNATS OU NOVICIATS PRÉPARATOIRES

POUR LE RECRUTEMENT DES PETITS FRÈRES DE MARIE DES ÉCOLES, DITS FRÈRES MARISTES

FRÈRE CYRION, *Directeur du Pensionnat des Frères Maristes, Saint-Etienne-Valbenoîte.*

L'Institut des *Petits Frères de Marie*, approuvé par le Saint-Siége, le 9 janvier 1863, comme congrégation de vœux simples, est répandu dans 40 diocèses, tant en France qu'à l'étranger. Il compte aujourd'hui 3,600 Frères ou Novices, et donne l'instruction à 100,000 enfants dans 560 écoles ou établissements.

Pour le service de ces Maisons et pour les nouvelles fondations qui lui sont demandées chaque année, en grand nombre, il entretient neuf Noviciats, également approuvés par le Saint-Siége : *Saint-Genis-Laval* (Rhône), Maison Mère, *Notre-Dame-de-l'Hermitage-sur-Saint-Chamond* (Loire), *Aubenas* (Ardèche), *Saint-Paul-Trois-Châteaux* (Drôme), *Beaucamps*, près de Lille (Nord), *Hautefort* (Dordogne), *Dumfries* (Ecosse), *Sydney* (Australie), *Arfeuilles* (Allier), Noviciat provisoire de la nouvelle province du Bourbonnais. On est reçu dans ces Noviciats, comme Postulant, à l'âge de 15 ans.

Le but de cette Œuvre est la création et l'entretien de *Juvénats* destinés à admettre des enfants de 12 à 14 ans, pour les préparer, par trois années d'études et de formation religieuse, à entrer au Noviciat.

A l'époque de la Première Communion, le désir d'embrasser la vie religieuse se manifeste assez souvent chez les enfants qui ont reçu une éducation fortement chrétienne; et, généralement, les parents se montrent disposés à seconder ce désir, surtout parmi les habitants des campagnes, là où les familles sont nombreuses, les mœurs simples et la foi encore vive.

C'est pour aider, favoriser et conserver ces vocations naissantes, très-peu solides encore ; pour empêcher qu'elles n'aillent s'éteindre au contact des ateliers, des chantiers, des usines et autres industries, qu'on cherche à offrir des abris sûrs à la piété et à l'innocence de ces enfants ; à les prendre au sortir des écoles, pour compléter leur éducation, jusqu'à leur entrée au Noviciat.

Ce qui recommande cette Œuvre et la justifie, c'est que jamais le besoin de multiplier les bonnes écoles ne fut aussi généralement senti que de nos jours. Les projets et tentatives d'*écoles sans Dieu* alarment justement tous les catholiques. Aussi, de tous les points de la France, des Iles-Britanniques, du midi de l'Afrique, et des diverses contrées de l'Océanie, on adresse journellement au Supérieur des demandes de fondations nouvelles, auxquelles, faute de sujets, on est forcé de répondre, le plus souvent, par des ajournements ou par des refus.

C'est à peine si les *grands Noviciats* suffisent pour combler les vides que font, chaque jour, dans le personnel enseignant, les fatigues, l'âge, les infirmités et la mort.

On le voit, les Juvénats constituent une dépense considérable et toute nouvelle, car on ne saurait évaluer à moins de 300 fr. l'entretien annuel, si modeste soit-il, de chaque *Juvéniste.*

Tandis que les écoles normales laïques sont en possession de bourses, payées sur les fonds, soit de l'Etat, soit des départements, la Congrégation est complétement laissée à elle-même ; et son embarras s'accroît encore et de l'insuffisance des pensions de Noviciat et de la modicité du traitement des Frères enseignants.

Par ces motifs, un appel chaleureux et confiant est fait aux âmes charitables, aux anciens élèves des Frères, à tous ceux qui ont à cœur l'Œuvre de la formation chrétienne de la jeunesse pour obtenir la création de bourses, demi-bourses ou secours temporaires en faveur de ces Juvénats.

Les souscriptions sont de six sortes :

1° Fondation à perpétuité d'une bourse, au capital de 6,000 fr., soit une rente de 300 fr. par an. *(Fondateurs.)*

2° Création temporaire d'une bourse, c'est-à-dire une rente annuelle de 300 fr., pendant trois, six ou neuf ans. *(Bienfaiteurs insignes).*

3° Souscription de demi-bourse ou 150 fr. *(Bienfaiteurs).*

4° Souscription annuelle de 6 fr. *(une dizaine entière).*

5° Cotisation de 5 centimes par mois, ou 60 centimes par an.

6° Enfin, un don ou aumône isolée ou répétée à volonté.

Les principales conditions pour l'admission sont : 1° une naissance légitime ; 2° 12 ans d'âge au moins ; 3° une bonne santé ; 4° l'exemption de défauts corporels graves ; 5° un caractère doux et sérieux ; 6° du goût et de la facilité pour l'étude ; 7° un fonds solide de piété et de bonne conscience.

MM. les Ecclésiastiques et toutes les autres personnes zélées, qui travaillent à susciter et à cultiver des vocations, soit pour les *Noviciats*, soit pour les *Juvénats*, seront comptés au nombre des *Insignes Bienfaiteurs* de l'Institut.

L'administration de l'Œuvre est confiée à un COMITÉ CENTRAL, siégeant à Lyon, composé d'ecclésiastiques et de laïques, et par les *Comités locaux* établis partout où on le croira utile.

Il y a aussi des *Sous-Comités* formés de dames dites DAMES PATRONNESSES, chargées de trouver des adhérents à l'Œuvre et de recueillir les souscriptions, de quelque nature qu'elles soient.

Les Comités locaux se subdivisent en *Sections* et les Sections en *Dizaines*.

A la tête de chaque Dizaine, il y a un *Zélateur* (ou une *Zélatrice*), chargé de trouver le plus grand nombre d'adhérents à l'Œuvre, de recueillir le montant des cotisations et de les faire parvenir au Chef de Section.

La cotisation de chaque membre est de 5

centimes. Sont considérées comme bienfaitrices de l'Œuvre, les familles qui fournissent annuellement la souscription d'une dizaine entière ou 6 fr.

Un Bulletin annuel est l'organe public de l'Œuvre, dont il fait connaître tous les faits qui peuvent l'intéresser. Ce Bulletin est envoyé gratis aux Membres des Comités, à tous les bienfaiteurs dont la souscription annuelle est au moins de 20 fr.

Les Dames patronesses, les Chefs de section, les Zélateurs et les Zélatrices le reçoivent également.

Le 25 octobre 1877, Son Eminence, Monseigneur le Cardinal Caverot, Archevêque de Lyon, a bien voulu approuver, encourager, recommander cette Œuvre et en accepter la présidence d'honneur.

Le premier avantage est l'immense mérite de coopérer au recrutement des instituteurs religieux, dont la mission est de soustraire les âmes des enfants aux funestes influences des *Ecoles athées* qu'on s'efforce d'établir et que Pie IX a flétries par ces paroles : « *Ce qui doit surtout « exciter votre zèle, ce sont ces* Ecoles sans Dieu, « *où l'on travaille à corrompre l'enfance et la « jeunesse. Mes enfants ! ils enlèvent la foi à « mes pauvres enfants ! Ah ! ils m'arrachent le « cœur !* »

En outre, l'Institut des Petits Frères de Marie témoigne sa reconnaissance à ses bienfaiteurs en les faisant participer aux prières et aux bonnes œuvres de l'Institut.

La fondation d'une bourse à perpétuité est un titre pour l'affiliation à l'Institut : les affiliés ont part, pendant la vie, aux mérites de toutes les prières, travaux, jeûnes, œuvres de piété, de pénitence, de zèle et de charité qui se font par tous les membres de l'Institut. Après leur mort, les affiliés sont recommandés aux suffrages de la Congrégation, et des Prières et la Sainte Communion ont lieu à leur intention, le premier jeudi, après avis de leur mort.

COMITÉ CENTRAL DE L'ŒUVRE

Président d'honneur, Son Eminence le Cardinal CAVEROT, archevêque de Lyon.

Président, M. LAJONT, vicaire-général de Lyon.

Secrétaire, M. Joannès BLANCHON, rue Vaubecour, 30.

Trésorier, M. Joannès GINDRE, négociant, rue Saint-Joseph, 8.

MEMBRES

Mgr GUIOL, vice-recteur de l'Université catholique.

MM. l'abbé DES GARETS, chanoine de la Primatiale de Lyon.

L'abbé GOURGOUD, curé de Saint-François-
de-Sales.

le comte Francisque DES GARETS, rue
Saint-Joseph, 31.

FAYE, vice-président du Tribunal civil de
Lyon.

le comte Léopold DE TRICAUD, place Bellecour, 1.

R. Frère LOUIS-MARIE, supérieur général
des Petits Frères de Marie.

GILLET père, teinturier, quai de Serin, 8.

Camille BIÉTRIX, rue Lanterne, 26.

Charles JACQUIER, avocat, professeur de
l'Université catholique.

Charles LABORÉ, négociant, rue Puits-
Gaillot, 33.

Alphonse DESGEORGES, négociant, rue
Puits-Gaillot, 19.

Louis JAILLARD, négociant, rue de Lyon,
12.

BRESSON, architecte, place de la Bourse, 2.

Frère EUTHYME, assistant du Supérieur
général des Petits Frères de Marie.

COMITÉ POUR LE DÉPARTEMENT DE LA LOIRE

Président d'honneur, M. LAJONT, vicaire-
général à Lyon.

Président, M. DE BOISSIEU, à St-Chamond.

Vice-Président, M. A. GERIN, à St-Etienne.

Secrétaire, M. l'abbé DEVUNS, aumônier du Pensionnat des Frères Maristes à Saint-Etienne-Valbenoite.

Trésorier, M. FINAZ Victor, notaire à St-Chamond.

MEMBRES

MM. l'abbé BLANC, curé à Saint-Chamond.

l'abbé BESSON, curé-archiprêtre de Saint-Pierre, à Saint-Chamond.

l'abbé BOUCHÉ, curé de Saint-Etienne, à Saint-Etienne.

l'abbé CHAPUIS, curé de Saint-Louis, à Saint-Etienne.

l'abbé DESCHELETTES, curé de Notre-Dames-des-Victoires, à Roanne.

l'abbé PEURIÈRE, curé-archiprêtre de Notre-Dame, à Montbrison.

BRUN père, négociant, à Saint-Chamond.

CHAVERONDIER Francisque, conseiller général, à Perreux.

CUISSON, avocat à Saint-Etienne.

DENIS A., négociant à Saint-Etienne.

GERMAIN DE MONTAUZAN, notaire à Saint-Etienne.

GONTHIER, professeur à l'Ecole des Mines, à Saint-Etienne.

MM. GUITTON-NICOLAS, négociant à St-Etienne.

LACHAISE Louis, à Montbrison.

LECOMTE Etienne, à Montbrison.

le vicomte DE MEAUX, sénateur.

MONTAGNER, administrateur de l'hospice de Saint-Chamond.

NEYRAND Elisée, maire de Chevrières.

NEYRAND Eugène, à Saint-Chamond.

NEYRAND Henri, à Saint-Chamond.

NEYRON Louis, à la Talaudière.

PAILLON père, rue Mi-Carême, 12, à St-Etienne.

PALLUAT DE BESSET, Joseph, à Balbigny.

PÉRICHON-PARADIS, négociant, rue de Roanne, 3, à Saint-Etienne.

le comte DU PELOUX DE PRARON, à Perreux.

le comte DU PLESSIS, à Montbrison.

le marquis DE PONCINS, à Feurs.

DE QUIRIELLE, ancien maire de Montbrison.

le baron DE ROCHETAILLÉE Charles, à St-Jean-Bonnefonds.

M'ROE Louis, à Perreux.

le marquis DE SASSELANGE, à Vauchette.

SAINT-ETIENNE, ingénieur, rue de la Banque, à Saint-Etienne.

le baron DE SAINT-GENEST, à Saint-Genest-Malifaux.

SYLVAIN-CHATAIN, négociant, place de l'Hôtel-de-Ville, à Saint-Etienne.

MM. Tardy Félix, négociant, rue d'Arcole, à
 Saint-Etienne.

Testenoire-Lafayette, à Saint-Etienne.

Thiollière Henri, à Saint-Chamond.

de Valence, à Saint-Haon-le-Châtel.

de Vazelhes, à Montbrison.

Frère Amphien, directeur provincial, à
 l'Hermitage.

Frère Marie-Junien, visiteur.

Frère Cyrion, directeur du Pensionnat
 Sainte-Marie, à St-Etienne-Valbenoîte.

X

ÉCOLE APOSTOLIQUE DOMINICAINE DE POITIERS

Poitiers : Cours Saint-Cyprien, Couvent des
 Dominicains.

L'Ecole apostolique, établie dans les dépendances du Couvent dominicain de Poitiers, a
pour but de préparer des Novices à l'Ordre de
Saint-Dominique. Cependant, si les élèves,
soit dans le courant, soit à la fin de leurs
études, manifestent la volonté d'entrer dans un
autre Ordre religieux ou de suivre quelque
autre vocation, les Directeurs et Supérieurs,
quant à ce qui les concerne, se prêteront volon-
tiers à la réalisation de ces desseins.

Les qualités requises pour être admis sont :

Appartenir à une famille honorable, être né de légitime mariage, avoir fait sa première Communion, avoir au moins 12 ans accomplis, une bonne santé, un extérieur convenable, une intelligence au-dessus de la moyenne, un caractère docile, le goût du travail, *une moralité irréprochable*, une instruction primaire (français, orthographe, analyse, etc.) suffisante pour être en état de commencer de suite le latin. On donne ordinairement la préférence à ceux qui ont déjà commencé le latin avec succès. Il faut de plus avoir (autant que l'âge le comporte) un désir sincère de renoncer au monde, pour se donner tout à Dieu.

La famille de l'enfant, ou les bienfaiteurs qui sollicitent son admission, doivent fournir un petit trousseau en bon état, payer le voyage jusqu'à Poitiers, et laisser entre les mains du P. Directeur de l'Ecole une somme suffisante pour le retour, si l'élève était renvoyé plus tard. Quant à la pension annuelle, l'Ecole se contente de ce que la famille peut et veut donner, le surplus devant être fourni par les bienfaiteurs de l'Œuvre.

Ceux qui désirent faire admettre un enfant, se mettront en rapport avec le P. Directeur de l'Ecole, lequel, s'il y a lieu, leur demandera les pièces suivantes :

1° L'extrait de baptême de l'enfant, les certificats convenables, et l'indication des personnes capables de donner des renseignements complets et certains.

2° Une lettre composée par l'enfant *seul*, et contenant l'expression de son désir sincère de se donner tout à Dieu, les motifs de ce désir, l'époque où il a commencé, les circonstances qui l'ont fait naître, et de plus la promesse d'observer consciencieusement les règlements de l'Ecole, s'il a le bonheur d'y être admis. Si l'enfant a commencé le latin, il joint à sa lettre une version et un thème non corrigés.

3° La déclaration suivante, signée par le père (ou le tuteur) de l'enfant : « Je déclare « confier mon fils (ou pupille) N. N. à l'Ecole « apostolique dominicaine de Poitiers. Je « promets de ne jamais m'opposer à ce qu'il « embrasse, s'il le veut, la vocation religieuse, « dans l'Ordre qu'il préférera. J'accepte le « règlement de l'Ecole, et notâmment le point « qui interdit les vacances dans la famille. Je « consens d'avance à reprendre mon fils (ou « pupille), sans frais, ni risques pour l'Ecole, « si les Directeurs ne jugent pas à propos de « le garder. » Date et signature.

Pendant toute la durée des études, mais spécialement pendant les six premiers mois, l'Ecole se réserve expressément le droit de renvoyer les enfants chez lesquels elle croirait ne pas trouver les qualités nécessaires pour le but qu'elle se propose.

Les élèves ne sont pas soumis à l'austérité de la règle Dominicaine. Les récréations en plein air, avec jeux, les promenades, le sommeil, les aliments, les classes, se rapprochent beaucoup de ce qui se fait dans les petits séminaires. Les élèves assistent aux Complies du Couvent chaque soir, à la Messe chantée et aux Vêpres, le dimanche. Point de sorties en ville avec les parents. Point de vacances dans les familles. Mais liberté de correspondre avec les parents et les bienfaiteurs, et permission pour eux de voir les enfants, à certains jours et certaines heures, dans les dépendances de l'Ecole.

Les études comprennent la grammaire, l'histoire, la géographie, l'arithmétique, la littérature, le latin, etc. Elles durent ordinairement 4 ans, après lesquels l'élève peut, s'il le demande et s'il en est digne, être admis au Noviciat de l'Ordre, et après un an de Noviciat, faire profession, pour terminer ensuite ses études, dans le Couvent de Poitiers ou dans un autre, et arriver au Sacerdoce à 24 ans accomplis.

Les Couvents de l'Ordre, étant le plus souvent grevés de dettes pesantes, et ayant ordinairement grand'peine à construire la maison conventuelle et à nourrir les Religieux qui l'habitent, ne peuvent présentement prendre sur eux la charge d'élever à leurs frais des enfants, dont l'éducation exige un temps considérable. Les admissions des sujets restent donc subordonnées aux libéralités pieuses des fidèles.

Les Fondateurs sont ceux qui, par leurs propres aumônes, ou par celles qu'ils recueillent, promettent à l'Ecole, leur vie durant, une bourse annuelle de 400 fr., nécessaire à l'entretien d'un élève ; ou donnent, une fois pour toutes, un capital équivalent : soit 8,000 fr.

Les Protecteurs sont ceux qui, soit par leurs propres aumônes, soit en recueillant les dons d'autrui, promettent, pendant quatre ans, la même somme de 400 fr., ou donnent d'un seul coup la somme de 1,600 fr. ; de manière à pourvoir à l'éducation complète d'un seul élève.

Les Souscripteurs sont ceux qui promettent une aumône annuelle d'au moins 40 fr.

Les Associés sont ceux qui promettent une aumône annuelle quelconque, au-dessous de 40 fr.

Les avantages assurés aux bienfaiteurs de l'Œuvre, sont :

1º Le mérite d'un acte de zèle et de charité de premier ordre. Quelle aumône plus excellente que celle qui va trouver un enfant, condamné, par la pauvreté de ses parents, à choisir une profession vulgaire, et qui, par une sainte délivrance, en fait un Religieux, un Prêtre, un Missionnaire ?

2° Une participation spéciale aux bonnes œuvres, prières et mérites, des élèves de l'Ecole.

3° Indulgences.

4° Les noms des *fondateurs, protecteurs, souscripteurs* et *associés* seront inscrits, par le P. Directeur de l'Ecole, sur un registre spécial, afin de conserver ainsi le souvenir reconnaissant du bien qu'ils auront fait.

5° Les *fondateurs* et *protecteurs* recevront du P. Directeur un diplôme, qui sera signé par le R^me P. Maître-Général de l'Ordre des Frères-Prêcheurs, et qui leur concédera, pendant leur vie et après leur mort, une participation spéciale à toutes les austérités, pénitences, à tous les offices, actes de zèle, et généralement à toutes les bonnes œuvres, qui se font et se feront à l'avenir, avec la grâce de Dieu, dans l'ordre de Saint Dominique.

XI

PETITE ŒUVRE DU SACRÉ-CŒUR

POUR LES VOCATIONS APOSTOLIQUES

A Issoudun (Indre)

Cette Œuvre, fondée en 1866, chez les missionnaires du Sacré-Cœur, à Issoudun, est établie pour élever des enfants qui ont la vocation de devenir prêtres missionnaires. Les élèves ne sont pas destinés au ministère ordinaire des paroisses : leur vocation a un caractère apostolique, et ils sont appelés à répandre la dévotion au Sacré-Cœur.

Les ressources de l'Œuvre reposent sur une cotisation d'*un sou par an* et sur les dons des personnes charitables.

L'enfant doit appartenir à une famille chrétienne et de bonne réputation, être âgé de 10 à 14 ans, avoir une bonne santé et annoncer d'heureuses dispositions.

Des zélateurs et des zélatrices s'occupent de recueillir les cotisations ou les souscriptions.

Ecrire directement au Supérieur des Missionnaires du Sacré-Cœur à Issoudun (Indre).

XII

RELIGIEUSES DE NOTRE-DAME DE LA RETRAITE

A Lyon : Place de Fourvières.

A La Louvesc (Ardèche)

A Paray-le-Monial : Rue de la Croix-de-Pierre, ×

Les Dames de la Retraite ont pour but spécial de recevoir chez elles et d'aider les femmes de toutes conditions qui veulent consacrer quelques jours au soin exclusif de leur salut, dans les exercices d'une retraite particulière ou commune.

Des Directeurs expérimentés prêtent leur concours aux retraitantes.

Les retraites communes durent huit jours et commencent à des époques fixes.

Les retraites particulières ne durent pas moins de trois jours et se prolongent au besoin; elles ont lieu dans tous les temps de l'année.

On reçoit journellement dans la maison les personnes qui ont besoin d'instruction religieuse. Une bibliothèque existe dans la communauté.

Les Religieuses de la Retraite ont aussi une maison à Paris, rue du Regard, 15 (vi⁰ arrondissement);

A Versailles, rue de la Vieille-Eglise, 2 (Montreuil);

A Tours, rue du Faubourg-Saint-Symphorien, 6;

A Nancy, cours Léopold, 18;

A Lille.

XIII

COMITÉ CATHOLIQUE

Saint-Etienne : Rue de la Bourse, 6.

Les Comités catholiques ont pour but de grouper tous les hommes qui veulent travailler à sauvegarder les droits sacrés de la Religion, de la Famille et de la Société.

Leur programme peut se résumer ainsi : combattre la presse impie par la diffusion de publications saines et chrétiennes ; maintenir la liberté de l'enseignement catholique à tous les degrés ; revendiquer le repos et la liberté du dimanche ; examiner au point de vue légal les questions où, sous une forme quelconque, la Religion se trouve mêlée ou attaquée ; en un mot, concourir énergiquement à la défense de tout intérêt catholique ou social.

Pour réaliser ce programme, le Comité de Paris sollicite le concours des Comités de province, avec lesquels il se réunit annuellement en assemblées générales.

Il se partage en diverses commissions : 1° Œuvres de prières ; 2° Œuvres pontificales ; 3° Œuvres en général ; 4° Enseignement ; 5° Presse ; 6° Economie sociale politique ; 7° Contentieux et législation ; 8° Art chrétien (Société de Saint-Jean, voir page 76) ; 9° Terre-Sainte et Orient.

Les Comités catholiques ont été bénis à diverses reprises par le Saint-Père et encouragés par l'épiscopat français.

La cotisation des membres du Comité est de 25 fr. par an ; elle peut être adressée au Trésorier.

S'adresser, *rue de la Bourse, 6*, à Saint-Etienne.

XIV

UNION DES ŒUVRES OUVRIÈRES CATHOLIQUES

A Saint-Etienne : Rue de la Bourse, 6.

L'Union des Œuvres ouvrières catholiques a été fondée en 1871 dans le but de développer et propager ces Œuvres.

Le bureau central établi à Paris a pour mission d'être :

1° *Un centre de secours* pour aider à fonder, à soutenir et développer les Œuvres ouvrières, crèches et asiles, patronages d'écoliers et d'apprentis, cercles d'ouvriers, cercles militaires, associations chrétiennes, etc. ;

2° *Un centre de renseignements* destiné à faire participer chaque directeur de l'Œuvre à la lumière et à l'expérience de tous ;

3° *Un foyer de zèle et de propagande*, par la publication d'un *Bulletin hebdomadaire* et par le moyen d'un grand Congrès annuel des Directeurs d'Œuvres, préparé par les soins de l'Union.

Président : Mgr DE SÉGUR, rue du Bac, 39.

Vice-président et Secrétaire général : le R. P. BAILLY, rue François Iᵉʳ, 8.

Trésorier général : M. CHARLES BARRY, avocat au Conseil d'Etat et à la Cour de cassation.

A Saint-Etienne : Renseignements : *rue de la Bourse, 6.*

On s'abonne au *Bulletin de l'Union* au bureau central, à Paris, rue de Verneuil, 32. C'est aussi au bureau central que doivent être adressées les souscriptions et les demandes de renseignements.

XV

ASSOCIATION DE NOTRE-DAME-DE-SALUT

A Paris, Secrétariat : Rue François Iᵘ, 8.
(VIIIᵉ arrondissement).

L'Association a pour but le salut de la France et la moralisation des ouvriers. Elle prête son appui à toutes les Œuvres ouvrières, comme patronages, cercles d'ouvriers, réunions de patrons, maisons de famille, publications

3

utiles aux ouvriers, etc., et les soutient dans la mesure de ses ressources.

Elle travaille à l'union de ces Œuvres en aidant le *Bureau central*, dont le siége est à Paris, rue de Verneuil, 32.

Les cotisations de un sou par mois, dix sous par an ou de deux sous par semaine, cinq francs par an, sont recueillies par des chefs de dizaines et des collecteurs.

L'Association est dirigée par un conseil dont le siége est à Paris, rue François Ier, 8.

Directeur : le R. P. PICARD.

Secrétaire général : le R. P. BAILLY.

Présidente : Mme la duchesse D'ESTISSAC.

Vice-présidente : Mme GOSSIN.

Secrétaire : Mme AUBER.

Trésorière : Mme MORILLON.

XVI

SALON DES ŒUVRES

Au Cercle Catholique du Luxembourg (Voir p. 67.

A Paris : Rue Bonaparte, 112 (VIe arrondissement).

Le Salon des Œuvres est un salon de conversation, ouvert aux catholiques de Paris, de la province et de l'étranger qui s'y font présenter. Les réunions ont lieu tous les mercredis, à huit heures du soir, sauf pendant les mois d'août, de septembre et d'octobre, dans un local dépendant du Cercle catholique du Luxembourg.

Tous les sujets qui, en dehors de la politique, peuvent intéresser les catholiques sont traités par des hommes spéciaux et amènent entre les membres de la réunion des communications utiles aux Œuvres dont ils s'occupent.

Président : M. Antonin RONDELET.
Secrétaire : M. Henri JOUIN.
Trésorier : M. Louis DE MONTROY.

XVII

CERCLE CATHOLIQUE DU LUXEMBOURG

A Paris : Rue Bonaparte, 112 (VIᵉ arrondissement).

Le Cercle catholique du Luxembourg a été établi en 1851, pour servir de lieu de réunion aux jeunes gens qui achèvent leurs études et principalement pour ceux dont la famille n'est pas à Paris. Ils y trouvent des ressources pour leurs études et leurs délassements, en même temps que les moyens de contracter de bonnes relations et d'assurer ainsi la conservation de leurs principes religieux.

La bibliothèque, les salons de lecture, de travail, de billard et de conversation, sont ouverts depuis le matin jusqu'à onze heures du soir.

Des conférences de droit, de littérature, de philosophie, de sciences, de médecine, etc., ont lieu chaque semaine.

Les soirées du dimanche sont plus spéciale- ment consacrées aux jeux et à la musique.

Les jeux de hasard et les paris sont interdits.

Toute discussion ou manifestation politique est également interdite.

Le Cercle est administré par un bureau as- sisté d'un conseil.

On est admis dans le Cercle par une décision du bureau, sur la présentation de deux mem- bres et après enquête.

Le prix de la cotisation annuelle est de 84 fr. (impôt compris) pour les membres qui n'ont pas atteint l'âge de trente ans. Au-dessus de cet âge, la cotisation est de 120 fr. (impôt compris).

Pour les élèves des écoles centrale, des mines, des ponts-et-chaussées, la cotisation est de 42 fr. par an (impôt compris).

Pour les élèves des Écoles polytechnique, Saint-Cyr, état-major et normale, pour les in- ternes des hôpitaux et pour les volontaires d'un an, la cotisation est de 20 fr. par an (avec l'im- pôt).

Les membres qui sont admis après Pâques ne payent qu'une demi-cotisation.

Président du Cercle : M. Eugène BELUZE.

Secrétaire : M. Christian DE COULONGE.

Trésorier : M. Henry MESSELET.

Dans le même local se trouve le Salon des Œuvres. (Voir ci-dessus, page 66).)

XVIII

CERCLE DE LA JEUNESSE

A Paris : Rue Saint-Antoine, 212 (VIe arrondissement).

Autorisé le 18 août 1858

SOUS LA DIRECTION DES FRÈRES DES ÉCOLES CHRÉTIENNES

L'Œuvre de la Jeunesse, fondée à Marseille en 1729, et rétablie après la Révolution, a donné naissance au Cercle de la Jeunesse installé en 1854, à Paris, rue des Francs-Bourgeois et actuellement rue Saint-Antoine, 212, dans l'ancien hôtel du duc de Mayenne.

Le but du Cercle est d'offrir aux jeunes gens les moyens de persévérer dans les habitudes morales et religieuses de leur éducation, *remplaçant de plus, pour ceux dont les parents habitent la province, la famille absente.* C'est pour ceux-ci qu'une maison de famille a été créée, et un certain nombre de chambres meublées peuvent être louées exclusivement aux membres du Cercle : les prix varient de 20 à 45 fr. par mois.

Les jeunes gens trouvent au Cercle toutes les facilités pour l'accomplissement de leurs devoirs religieux, le moyen de former des liaisons utiles et d'éviter les mauvaises sociétés, une grande variété de distractions et d'amusements (salles de billards et de jeux, salons de conversation, piano, gymnastique, buffet, fumoir, bibliothèque, journaux, revues). Cours spéciaux et conférences, société musicale, villa d'été à Saint-Mandé et restaurant dans le cercle.

Une conférence de Saint-Vincent-de-Paul est organisée parmi les membres du Cercle.

Il faut, pour être admis, être présenté à la direction ou recommandé par une personne honorable et connue, accomplir ses devoirs religieux, assister aux exercices religieux du dimanche (messe à huit heures et demie, salut à neuf heures du soir), avoir une bonne conduite, s'engager à payer la cotisation de 3 fr. par mois. Avant d'être admis définitivement, on est inscrit six mois à l'avance comme candidat.

Le Cercle est ouvert tous les jours, de 7 heures du soir à 10 heures ; le dimanche, de 8 heures du matin à 11 heures du soir.

S'adresser, pour tous les renseignements, au Frère Supérieur des Écoles chrétiennes : *Demi-*

Pensionnat, Paris, *rue Saint-Antoine, 212.*

A Saint-Etienne : Voyez : Œuvre de la Jeunesse ouvrière.

XIX

ŒUVRE DES CERCLES CATHOLIQUES D'OUVRIERS

A Paris, Secrétariat : Rue du Bac, 10.

A Saint-Etienne, Secrétariat : Rue de la Bourse, 6.

Cette Œuvre a pour but de susciter et d'organiser le dévouement de la classe dirigeante envers la classe ouvrière. A cet effet, l'Œuvre forme des Comités locaux inspirés par l'esprit catholique et consacrés à la fondation des Cercles catholiques d'ouvriers.

Elle a pour principe les définitions de l'Eglise sur ses rapports avec la vie civile et se place sous la tutelle du Souverain-Pontife et des évêques de France.

Le Cercle est une Association ouvrière formée par les soins des Comités locaux et dirigée par un Conseil, recrutée, administrée et gouvernée par ses propres sociétaires.

Le Conseil de chaque Cercle se charge, avec l'aide des dames patronnesses, par des quêtes et des souscriptions, de recueillir les fonds nécessaires pour la bonne tenue du Cercle.

Les ouvriers, Sociétaires d'un Cercle, y font profession d'une vie chrétienne. Ils y trouvent des salles de lecture, de jeux et de réunion.

Ils y forment entre eux une Conférence de Saint-Vincent-de-Paul pour l'assistance des pauvres du quartier et diverses institutions charitables pour eux et leurs familles.

La cotisation des Sociétaires est de 5o centimes par mois. |La Caisse du Cercle est administrée par un Conseil ouvrier élu par les Sociétaires et délibérant sous la présidence d'un Directeur.

Le Cercle est ouvert tous les soirs de la semaine et toute la journée du dimanche.

Les adhésions, les offrandes, |les communications et les demandes relatives à l'Œuvre sont reçues au Secrétariat, à Paris, rue du Bac, 1o. — A Saint-Etienne, chez M. le Secrétaire : M. l'abbé SANGLARD, vicaire de la paroisse de Sainte-Barbe, au Soleil.

Il existe en ce moment, en France, plus de quatre cents Cercles d'ouvriers.

COMITÉ DE SAINT-ÉTIENNE :

Président : M. Gabriel NEYRON, à Méons.

Secrétaire : M. l'abbé SANGLARD, vicaire à Sainte-Barbe, au Soleil.

Trésorier : M. Adrien DAVID, rue Mi-Carême, 4.

COMITÉ DES DAMES PATRONESSES

Présidente : Mme SUTTERLIN, *rue Mi-Carê-me, 4.*

Secrétaire : Mme FÉLIX CHAVEROT, *rue de la Paix, 14.*

Trésorière : Mme BIÉTRIX, *à la Chaléassière.*

Tableau des Cercles catholiques d'ouvriers ouverts à Saint-Etienne :

I. *Cercle de Saint-Roch,* rue Saint-Roch.

Directeur : M. l'abbé BIGEL.

II. *Cercle de Sainte-Barbe,* Outre-Furens, au Soleil.

Directeur : M. l'abbé SANGLARD.

XX

SOCIÉTÉ GÉNÉRALE D'ÉDUCATION ET D'ENSEI-GNEMENT

Secrétariat général : A Paris, rue de Vaugirard, 74
(VIe arrondissement)

Autorisée le 13 mars 1868

Cette Société a pour but de travailler à la propagation et au perfectionnement de l'instruc-tion, fondée sur l'éducation religieuse, et de favoriser la création d'écoles, de cours, de conférences et la publication de livres relatifs à l'enseignement.

Elle se compose de membres actifs et de membres correspondants qui payent une cotisation de 10 fr. par an et de membres souscripteurs, qui sans prendre part aux travaux de la Société, s'y associent par le versement d'une souscription. Elle se divise en sections pour étudier les questions qui se rattachent au développement et au progrès de l'instruction et publie tous les deux mois un Bulletin où se trouve l'exposé des travaux et des questions qui font l'objet de ses études.

La Société est administrée par un conseil résidant à Paris.

S'adresser pour les souscriptions, les demandes d'admission et les renseignements au secrétariat, rue de Vaugirard, 74.

Président : M. CONNELLY, doyen de la Faculté de droit de l'Université catholique, rue de Grenelle, 102.

Secrétaires : M. E. LEFÉBURE, rue Las-Cases, 7, et M. G. DE SENNEVILLE, rue de Grenelle, 52.

Trésorier : M. Charles HAMEL, rue de Tournon, 29.

XXI

SOCIÉTÉ INTERNATIONALE DES ÉTUDES PRATIQUES D'ÉCONOMIE SOCIALE

A Paris : Place du Louvre (Mairie du 1ᵉʳ arrondissement).

Cette Société se propose surtout de constater par l'observation directe des faits, dans toutes les contrées, la condition physique et morale des personnes occupées des travaux manuels et les rapports qui les lient, soit entre elles, soit avec les personnes appartenant aux autres classes.

Elle se compose de membres honoraires payant une subvention annuelle de 100 fr. et de membres titulaires payant une cotisation annuelle de 20 fr. Les membres reçoivent gratuitement les publications émanant de la Société.

Secrétaire général : M. LE PLAY, place Saint-Sulpice, 6.

Trésorier : M. MORENO-HENRIQUÈS.

Adresser les communications et les demandes d'admission au siége de la Société, à la mairie du 1ᵉʳ arrondissement.

XXII

SOCIÉTÉ D'ÉCONOMIE CHARITABLE

A Paris, Secrétaire : M. Le Camus, rue St-Dominique, 11.

Fondée en 1847 par M. le vicomte de Melun, la Société d'Economie charitable s'occupe de l'étude et de la discussion des différentes questions qui se rattachent à l'Economie sociale, à l'assistance publique et à la charité privée.

Le compte-rendu des travaux de la Société est publié dans le *Contemporain*, revue d'Economie chrétienne, qui est envoyée à tous les membres titulaires et correspondants.

Président : M. le vicomte de Melun, rue Saint-Dominique, 76.

Les demandes d'admission et de renseignements et les souscriptions doivent être adressées à M. Le Camus, *secrétaire général*, rue Saint-Dominique, 11.

XXIII

SOCIÉTÉ DE SAINT-JEAN POUR L'ENCOURAGEMENT
DE L'ART CHRÉTIEN

A Paris : Au Secrétariat du Comité catholique, rue de l'Université, 47.

Une Société a été fondée en 1872 pour l'encouragement de l'art chrétien et une confrérie a été établie pour diriger cette Société.

La Confrérie est placée sous l'invocation de Saint Jean-l'Evangéliste et la Société a le titre de Société de Saint-Jean.

Elle a pour but principal la régénération de l'art par la religion et se propose d'encourager les artistes qui produiront les œuvres les plus remarquables dans cet ordre d'idées.

A cet effet, elle établit des expositions, des concours, offre des prix et favorise tout ce qui répond à la pensée de sa fondation, dans les œuvres d'art et de littérature, l'enseignement de l'esthétique et de l'iconographie, l'imagerie religieuse, la musique sacrée.

La cotisation est de 20 fr. par an.

S'adresser au secrétariat, rue de l'Université, 47, bureaux du Comité catholique.

XXIV

SOCIÉTÉ DES PUBLICATIONS POPULAIRES

A Paris : Rue de Grenelle-Saint-Germain, 82 (VIIe arrondissement).

Cette Société a pour but de favoriser la production et la diffusion des livres intéressants et irréprochables au point de vue de la religion et des mœurs.

Elle dresse un catalogue des livres populaires les plus recommandables, publie dans un Bulletin mensuel le résultat de ses travaux et l'analyse des ouvrages qu'elle a admis, se charge de procurer ces livres, aux conditions les plus favorables, aux établissements et aux particuliers qui en font la demande et de composer elle-même les bibliothèques dont la formation lui est confiée (bibliothèques paroissiales, communales, scolaire, de régiment, d'usine, etc.)

Elle fournit aussi par unités ou par groupes, pour les distributions de prix, les livres mentionnés dans ses catalogues et ses bulletins.

Sont considérées comme fondateurs, les personnes qui ont versé une somme de 200 fr. une fois donnée ou qui payent une souscription annuelle de 30 fr.

Les souscripteurs payent une cotisation annuelle de 6 fr. Les uns et les autres ont droit à une remise de 20 % sur les prix des livres qu'ils achètent par l'entremise de la Société.

Toute personne qui adresse à l'Agent bibliothécaire, en une fois, une commande de livres de 100 fr. au moins, aux prix des catalogues de la Société, reçoit en prime un lot de livres, choisis sur ces mêmes catalogues, d'une valeur de 40 fr. ou d'une valeur de 18 fr. pour une commande de 50 fr.

Le Bulletin de la Société paraît tous les deux mois et est envoyé gratuitement aux membres de la Société. Pour les autres personnes, le prix de l'abonnement est de 2 fr. par an.

La Société est administrée par un Conseil qui a pour :

Président : M. le vicomte DE MELUN, rue Saint-Dominique, 76.

Vice-président : M. le comte A. DE MOUS-TIER.

Secrétaire : M. le vicomte DE LAURISTON.

S'adresser pour les renseignements, commandes, souscriptions, abonnements au Bulletin, à M. E. DELALAIN, *agent bibliothécaire* de la Société, rue de Grenelle-Saint-Germain, 82, tous les jours, de 1 heure à 4 heures, excepté les dimanches et jours de fête.

XXV

ŒUVRE DE SAINT-MICHEL POUR LA PUBLICATION ET LA DIFFUSION DES BONS LIVRES

A Paris : Librairie de l'Œuvre : M. Téqui, rue de Mézières, 6.

Cette Œuvre se propose, avec le secours de la charité, de publier et de propager les bons livres au meilleur marché possible. Elle est

dirigée par un Conseil qui choisit les manuscrits destinés à être publiés ou les livres à
rééditer. Elle procure à ses correspondants ses
livres et d'autres non édités par elle avec de
fortes remises et aide ainsi à la formation de
bibliothèques paroissiales.

Les Associés payent une cotisation annuelle
qui varie de 5 à 100 fr.

Les Donateurs sont ceux qui donnent une
somme quelconque une fois payée.

Les Zélateurs procurent à l'Œuvre, outre
leur cotisation personnelle, celles d'un certain
nombre de personnes.

Président : le R. P. FÉLIX, rue de Sèvres, 35.

Trésorier : M. Alphonse DOSSEUR, rue du
Cherche-Midi, 36.

Présidente des dames patronnesses : Mme
DE LA ROCHEFOUCAULT, duchesse D'ESTISSAC,
rue Saint-Dominique, 102.

Les manuscrits, les demandes de livres et
les fonds doivent être adressés à M. TEQUI,
libraire-éditeur, rue de Mézières, 6.

XXVI

SOCIÉTÉ BIBLIOGRAPHIQUE

A Paris : Rue de Grenelle, 35.

La Société bibliographique, fondée en 1868
par M. DE BEAUCOURT, a pour but la publica-

tion de tous ouvrages utiles à la Religion et à la Science. Elle sert de lien entre les hommes d'études et les hommes de bonnes œuvres, en venant en aide aux premiers dans leurs travaux et rattachant les seconds au mouvement intellectuel, et en les renseignant sur les publications bonnes à répandre.

Elle publie, en dehors des ouvrages ayant un caractère scientifique, le *Polybiblion, Revue bibliographique universelle*, mensuelle, qui apprécie les ouvrages nouveaux et tient au courant de ce qui paraît ; la *Bibliothèque à 25 centimes*, composée de volumes in-32 de 128 pages destinés à éclairer le peuple sur toutes les questions de religion, de morale, d'économie sociale, d'histoire, etc. ; les *Brochures populaires sur la Révolution française*, dont le but est de réfuter les mensonges révolutionnaires sur les grandes journées, les faits marquants et les personnages de la Révolution ; les *Tracts* petites feuilles volantes traitant en quatre pages in-32 une question de religion, de morale, de science, de science sociale, racontant la vie d'un saint, d'un homme illustre, des épisodes historiques, des anecdotes, etc.

La Société bibliographique a pour organe un *Bulletin mensuel*. Pour faire partie de la Société, il faut être présenté par deux membres et payer une cotisation annuelle de 10 fr.

S'adresser au Secrétariat, rue de Grenelle, 35, à Paris.

XXVII

PRIX MONTHYON

Paris : Secrétariat de l'Académie française.

M. de Monthyon a légué à l'Académie française une somme pour la fondation d'un prix annuel à décerner au *Français* pauvre qui aura fait l'action la plus vertueuse. L'Académie divise cette somme en plusieurs prix et en un certain nombre de médailles dont la valeur est fixée lors du jugement de chaque concours.

Les personnes qui connaissent des actions dignes d'être offertes à la reconnaissance publique peuvent rédiger un mémoire qui expose les faits avec détail ; ce mémoire est remis à l'autorité municipale, qui le fait parvenir au secrétariat de l'Académie.

Tous les renseignements relatifs à l'obtention du prix de vertu, les pièces authentiques à l'appui et les certificats légalisés doivent parvenir au Secrétariat de l'Académie française, palais de l'Institut, avant le 15 janvier de chaque année.

XXVIII

SOCIÉTÉ D'ENCOURAGEMENT AU BIEN

Paris, Secrétariat et Bureaux : Rue Brochant, 2
(XVIIe arrondissement)

Autorisée par décret du Ministre de l'Intérieur, du
5 septembre 1862.

Cette Société, fondée en 1862, a pour but de propager, dans toutes les classes, les principes de religion, de moralité, les habitudes d'ordre, d'économie et de dévouement.

Elle distribue tous les ans des récompenses consistant en médailles d'honneur, diplômes, etc., et encourage la publication des livres moraux et instructifs.

La cotisation annuelle est de 10 fr.

Président : M. DE LA ROCHEFOUCAULD, duc DE DOUDEAUVILLE.

Secrétaire général : M. HONORÉ ARNOUL, rue Brochant, 2.

XXIX

SOCIÉTÉ FRANÇAISE DE TEMPÉRANCE

ASSOCIATION CONTRE L'ABUS DES BOISSONS ALCOOLIQUES

A Paris, Secrétariat général : Rue de l'Université, 6.

Cette association a été fondée dans le but de combattre les progrès incessants et les effets désastreux de l'ivrognerie. Elle se propose d'employer à cet effet tous les moyens indiqués par l'expérience, et elle publie quatre fois par an un Bulletin intitulé : *La Tempérance.*

Président : M. Dumas, de l'Institut.

Secrétaire général : M. le docteur L. Lunier, inspecteur général du service des aliénés, rue de l'Université, 6.

Trésorier : M. Mauoin, rue Guénégaud, 12, à qui doivent être adressées les souscriptions.

Les adhésions sont reçues au secrétariat général.

XXX

SOCIÉTÉ CENTRALE DE SAUVETAGE DES NAUFRAGÉS

A Paris : Rue du Bac, 63 (VIIe arrondissement).

Reconnue d'utilité publique par décret du 17 novembre 1865

Cette Société se propose de porter assistance aux naufragés sur les côtes de France, de propager les principes et les procédés de nature à sauvegarder l'existence des navigateurs en danger, et d'étudier les causes des sinistres maritimes ainsi que les mesures à prendre pour en diminuer le nombre. Elle se met en relation avec toutes les Sociétés locales qui existent déjà

sur le littoral, les aide, soit par des subventions
en argent, soit par le don d'appareils de sauve-
tage, facilite la formation d'associations semblables dans les centres maritimes où il n'en existe
pas et établit sur les côtes des postes pourvus
des engins de secours reconnus les plus utiles.

La Société se réserve de donner des récompenses aux personnes qui se sont distinguées
par des actes de courage et de dévouement
dans les naufrages, et d'accorder des secours
aux familles des marins sauveteurs de la Société, victimes de leur dévouement.

On peut faire partie de la Société comme
Bienfaiteur, *Fondateur*, *Donateur* ou *Souscripteur annuel*, suivant l'importance des
sommes versées.

Président : M. le vice-amiral baron DE LA
RONCIÈRE LE NOURY.

Administrateur délégué : M. Camille DORÉ,
ancien lieutenant de vaisseau.

XXXI

SOCIÉTÉ DE SECOURS AUX BLESSÉS MILITAIRES

Siégeant à Paris : Rue Matignon, 19.

Reconnue comme Établissement d'utilité publique, par
décret du 23 juin 1866.

Cette Société a pour objet de concourir par
tous les moyens en son pouvoir au soulage-

ment des blessés et des malades, sur les champs de bataille, dans les ambulances et dans les hôpitaux. Elle est destinée à devenir, en temps de guerre, l'auxiliaire du service sanitaire dans les armées de terre et de mer.

Dans chacune des dix-huit circonscriptions militaires de la France, un délégué choisi par elle est chargé de centraliser, pour les besoins du corps d'armée de la région, les ressources que peut y fournir l'assistance auxiliaire.

La Société se compose de *Membres fondateurs*, versant une cotisation annuelle de 30 francs et de *Membres souscripteurs*, dont la cotisation est de 6 francs.

Elle est administrée par un Conseil siégeant à Paris ; elle est représentée en province par des Comités départementaux et par des délégués auprès de chacun des dix-huit corps d'armée.

Un Comité de secours distribue, chaque année, en temps de paix, des secours aux militaires blessés ou malades, aux veuves et aux ascendants privés de leurs soutiens par le fait de la guerre. Il donne des appareils aux amputés et concourt au traitement des convalescents dans les établissements d'eaux thermales.

Les demandes de secours peuvent être adressées en province aux délégués de la Société ou aux présidents des Comités départementaux ;

à Paris, au *Président de la Société*, rue Matignon, 19.

Président de la Société : S. A. R. Mgr le duc DE NEMOURS.

Secrétaire général : M. le comte DE BEAUFORT.

Trésorier : M. le baron A. DE ROTHSCHILD.

Département de la Loire :

Trésorier : M. RONDEL, à Saint-Etienne, *au Treuil.*

XXXII

SOCIÉTÉ DES CRÈCHES

Reconnue d'utilité publique par décret du 17 juillet 1869

A Paris : M. BAUSSAN, rue Saint-Sauveur, 89.

Elle a pour but : 1° d'aider à fonder et à soutenir les crèches ; 2° de perfectionner et de propager l'institution.

Elle accorde des subventions aux crèches dont les statuts et le règlement lui ont été communiqués. Toute demande de subvention doit être appuyée d'un état de situation.

Le minimum de la souscription est de 10 francs. Les souscriptions à la Société des crèches sont distinctes des souscriptions particulières à chaque crèche.

Président : M. Eugène MARBEAU, rue Joubert, 47.

Trésorier : M. BAUSSAN, rue Saint-Sauveur, 89.

XXXIII

ŒUVRE DE L'ADOPTION

A Paris, Direction : Rue Jean-Beausire, 19
(III⁰ arrondissement)

Reconnue d'utilité publique par décret du 26 février 1870.

« *Une Sainte-Enfance française.* »
Mgr MERMILLOD.

L'Œuvre de l'adoption a pour but de recueillir en France le plus grand nombre possible d'orphelins et d'orphelines de père et de mère. Elle les adopte de cinq à dix ans accomplis et garde les garçons jusqu'à dix-huit ans, les filles jusqu'à vingt et un ans. A Paris, on ne les admet qu'à 7 ans accomplis.

On considère comme orphelin l'enfant dont le père ou la mère survivant a disparu depuis deux ans, au moins, sans qu'on en puisse suivre la trace, ou a été condamné par la justice criminelle ou correctionnelle, à un emprisonnement qui a encore plus de deux ans à courir. Les enfants naturels sont admis.

Toute demande d'adoption est considérée comme non avenue quand elle n'est pas accompagnée de toutes les pièces devant former le dossier, savoir : 1° l'acte de naissance ; 2° l'extrait de baptême ; 3° l'acte de décès du père et de la mère ; 4° le certificat de vaccination, de bonne constitution et de bonne santé ; 5° l'acte de cession (le modèle peut en être donné par l'Œuvre), pour les garçons, jusqu'à dix-huit ans, pour les filles, jusqu'à vingt et un ans, par le tuteur, ou à son défaut par le plus proche parent.

L'acte de cession doit être sur papier timbré, avec signature légalisée.

La personne qui présente un enfant s'engage à payer 50 francs pour son trousseau.

Une indemnité sera due si l'on retire l'enfant avant l'époque convenue.

Tout enfant vicieux, insubordonné ou atteint d'une maladie chronique ou incurable est rendu à sa famille ou à ses protecteurs, sans aucun remboursement de la part de l'Œuvre.

Les ressources de l'Œuvre se composent d'une souscription annuelle de 50 centimes par associé, de dons annuels, de legs testamentaires, de quêtes, de loteries, etc.

Tout membre de l'Œuvre qui se charge de réunir 10 francs, produit d'une série de vingt associés, ou les verse seul, est zélateur ou zélatrice et reçoit les Annales de la Société, qui paraissent tous les deux mois, sous le titre de l'*Ange de la Famille,* annales de l'Œuvre de l'adoption.

Les demandes d'adoption et de renseignements et les souscriptions doivent être adressées à la direction, rue Jean-Beausire, 19, à Paris, à M. l'abbé JACQUET, *directeur général,* ou à M. LEROY, *secrétaire et vice-trésorier.*

Bureau supplémentaire de renseignements, à la librairie SAUTON, rue du Bac, 41.

A Saint-Etienne, s'adresser à M. l'abbé COURDIOUX, aumônier de la Charité.

XXXIV

SOCIÉTÉ DE PATRONAGE DES ORPHELINATS AGRICOLES

Siége de la Société et Secrétariat : MAISON DES LAZARISTES, à Paris, rue de Sèvres, 95.

Cette Société, fondée en 1868 par M. le marquis DE GOUVELLO, a pour but la création et le développement des institutions destinées à donner aux enfants assistés et aux orphelins pauvres l'instruction primaire, religieuse et agricole.

1° Elle protége et soutient les asiles ruraux

qui reçoivent les enfants depuis leur naissance jusqu'à l'âge de dix ou douze ans ;

2° Elle facilite la création des orphelinats agricoles, destinés à recueillir des orphelins de dix à vingt ans ;

3° Elle encourage l'établissement à la campagne d'orphelinats fondés pour élever, dans des conditions morales et pratiques, des orphelines assistées ou indigentes, en les exerçant à tous les travaux que comporte pour une femme une exploitation rurale ;

4° Elle s'occupe d'une façon toute particulière de la fondation d'écoles spéciales de contre-maîtres, religieux ou laïques, pouvant être mis à la disposition des personnes qui désirent installer chez elles des orphelinats agricoles.

La Société se compose de fondateurs payant une cotisation annuelle de 100 francs, de souscripteurs dont la cotisation est de 20 francs et de dames patronnesses.

Elle est administrée par un Comité dont le *président* est M. DE LA ROCHEFOUCAULD, duc de Doudeauville, rue de Varennes, 65, à Paris.

Secrétaire général : M. le marquis DE GOUVELLO, rue Saint-Dominique, 27.

Trésorier : M. l'abbé MAILLY, procureur général des Lazaristes.

Présidente des dames patronnesses : Mme DE LA ROCHEFOUCAULD, duchesse de Doudeauville.

Les souscriptions, les lettres, les demandes de subventions, sont adressées au siége de la Société, rue de Sèvres, 95, à M. le président, à M. le secrétaire général ou à M. Leroy, agent général de la Société, vice-trésorier de l'Œuvre de l'adoption, rue Jean-Beausire, 19.

Les demandes d'admissions d'enfants doivent être adressées à Mme la duchesse de Doudeauville.

Toutes les demandes doivent être faites avant le 1er mars de chaque année.

XXXV

MAISON DE NOTRE-DAME-DES-ARTS

A Paris : Rue Dufrénoy, 18 (XVIe arrondissement)
Reconnue d'utilité publique per décret du 6 mars 1861.

L'Institution de Notre-Dame-des-Arts a été fondée à Paris, en 1855, par Mme FERNANDE DE JAUBERT, vicomtesse d'Anglars (en religion Révérende Mère Marie-Joseph), première supérieure de la communauté religieuse de Notre-Dame-des-Arts ; cette communauté a été autorisée et la maison reconnue d'utilité publique, par décret du 6 mars 1861.

Depuis la mort de la fondatrice, en 1872, l'une des assistantes, la Révérende Mère Marie-Emilienne CHANET, élue supérieure, dirige l'Institution.

L'Institution de Notre-Dame-des-Arts a pour but de procurer, à des conditions faciles (au moyen de bourses fournies par des subventions publiques ou privées), aux filles des hommes recommandables par leurs travaux dans les professions libérales (savants publicistes, littérateurs, artistes, administrateurs) :

1° L'éducation classique la plus élevée, qui met ces jeunes filles au niveau de leur famille et les prépare aux examens;

2° Une éducation professionnelle artistique, qui les dote d'un art utile (musique ou peinture), pouvant être mis à profit en cas de revers ou d'insuffisance de fortune.

Le prix de la pension est de 1,200 fr. jusqu'à l'âge de 12 ans et de 1,500 fr. au-dessus de cet âge. Presque toutes les élèves françaises jouissent de bourses ou de fractions de bourses. Pour l'admission comme pour l'attribution de bourses disponibles, les orphelines sans fortune ont toujours la priorité.

L'Institution admet un certain nombre d'élèves étrangères; leur pension est du prix double de celle des Françaises.

La Maison sera prochainement transférée *rue de la Faisanderie*.

Une seconde maison du même ordre, dans les mêmes conditions, existe à Riom (Puy-de-Dôme).

S'adresser pour les admissions à Mlle la Supérieure.

XXXVI

ÉCOLE D'ESSAI DES ENFANTS DE TROUPE

A Rambouillet (Seine-et-Oise).

MINISTÈRE DE LA GUERRE

L'Ecole d'essai des enfants de troupe a été instituée, en exécution des décrets du 24 avril et du 23 juillet 1875, pour élever et diriger vers la profession militaire les élèves qui y sont admis; le but de cet établissement, qui est placé sous la haute surveillance du gouverneur de Paris, est de donner à ces enfants les aptitudes nécessaires pour devenir de bons sous-officiers.

Les enfants à admettre à l'Ecole d'essai sont choisis parmi les enfants de troupe actuellement classés dans les régiments. Ils sont reçus gratuitement.

Un certain nombre d'enfants issus de familles militaires, dont l'instruction reste entièrement à la charge de leurs parents ou de leurs tuteurs, peuvent être reçus comme pensionnaires; le nombre en est fixé à trente pour un effectif de six cents élèves.

Nul ne peut être admis à l'Ecole d'essai s'il a moins de dix ans ou plus de douze à l'époque

des admissions, fixée au 1er octobre de chaque
année.

Les propositions d'admission pour les enfants
de troupe des régiments doivent être transmi-
ses au ministre avant le 1er juillet et être accompagnées de :

1° L'acte de naissance;

2° Une déclaration d'un médecin constatant
que l'enfant a été vacciné et jouit d'une bonne
constitution;

3° Un certificat de bonne conduite;

4° Un état des services du père;

5° Un certificat délivré par le maire du lieu
de domicile des parents, énonçant les moyens
d'existence, le nombre d'enfants et les charges
des parents et donnant des renseignements
précis sur la moralité de la famille et de l'enfant;

6° Une déclaration des parents ou tuteurs
constatant qu'ils consentent à l'engagement ul-
térieur de l'enfant, sous peine de rembourser
les frais d'éducation.

Pour les élèves pensionnaires, si le père ou
le parent militaire qui lui donne droit à concourir, est encore au service, la demande doit
être adressée par voie hiérarchique au général
commandant le corps d'armée; s'il n'est plus
au service, la demande devra être adressée au
préfet, qui la transmet au général. Les deman-

des devront être accompagnées des pièces indiquées ci-dessus.

Le prix de la pension est de 400 fr. par an. Le prix du trousseau est de 450 fr.

Tout candidat doit savoir lire et écrire, s'il est âgé de 10 à 11 ans. S'il a de 11 à 12 ans, il doit connaître, en outre, les quatre règles du calcul. Les fils d'officier ne sont pas admis à concourir.

Une commission spéciale, instituée au ministère de la guerre, est chargée d'examiner les demandes d'admission et d'établir, d'après les titres des pétitionnaires, le classement des enfants à admettre à l'école d'essai.

L'Ecole est dirigée par un commandant ayant sous ses ordres des officiers et autres personnes employées dans la maison.

Des professeurs sont chargés de l'instruction primaire.

Les soins de l'infirmerie, de l'habillement et de la nourriture des élèves sont confiés aux sœurs de Saint-Vincent-de-Paul.

XXXVII

ÉCOLE DES MOUSSES DE LA FLOTTE

Établie à bord du vaisseau l'*Austerlitz*, rade de Brest
(Finistère)

MINISTÈRE DE LA MARINE.

Fondée par décret du 5 juin 1856.

Cette École est destinée à recevoir les mousses qui, antérieurement, étaient répartis entre les cinq divisions des équipages de la flotte.

Sont admis : 1° les fils de marins et autres salariés de la marine ; 2° les fils des officiers, sous-officiers et soldats des corps de troupes de terre et de mer ; 3° à défaut d'un nombre suffisant de candidats de ces catégories, il peut être admis des enfants n'appartenant ni à l'une ni à l'autre.

Les demandes doivent être adressées soit aux commandants des divisions des équipages de la flotte, dans les cinq ports militaires, soit aux commissaires de l'inscription maritime, sur le littoral et à Paris. Elles doivent être accompagnées : 1° de l'acte de naissance de l'enfant ; 2° d'un certificat constatant son degré d'instruction ; 3° d'un état des services de son père.

Les candidats doivent être âgés au moins de

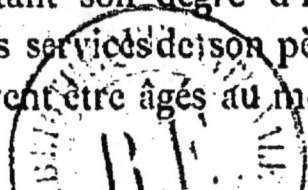

4

13 ans (taille minimum, 1m,33) ou au plus de 14 ans (taille minimum, 1m,38).

Ils doivent être bien constitués, exempts de maladies scrofuleuses ou contagieuses ; s'ils n'ont pas une très-bonne conduite, ils seront renvoyés dans leurs familles. Ils reçoivent une instruction nautique professionnelle et suivent des cours d'enseignement élémentaire.

A 16 ans, ils peuvent contracter un engagement volontaire pour cinq ans, ou servir en qualité de novice pendant deux ans. Les élèves doué, d'aptitudes particulières peuvent, à leur sortie de l'Ecole, concourir pour l'obtention de bourses spéciales, soit au lycée de Brest, soit à l'Ecole des Arts-et-Métiers d'Angers.

XXXVIII

ÉTABLISSEMENT DES PUPILLES DE LA MARINE

A Brest (Finistère)

MINISTÈRE DE LA MARINE

Fondé par décret du 15 novembre 1862

Réorganisé par décret de 1868 et règlement de 1869

Cet établissement recueille les enfants orphelins des inscrits maritimes (officiers mariniers, maîtres au cabotage et matelots), ceux du personnel naviguant qui proviennent du recrutement volontaire, des sous-officiers et soldats des corps de troupes de la marine, et enfin des ouvriers de la marine, suivant certaines conditions de service.

Les orphelins de père et de mère doivent avoir au moins 7 ans ; ceux qui ont encore leur père ou leur mère 9 ans au moins.

Les demandes sont adressées par les parents ou tuteurs aux commissaires de l'inscription maritime pour les enfants du littoral et au ministre de la marine pour les candidats de l'intérieur. Elles doivent être accompagnées : 1º de l'acte de naissance du candidat; 2º de l'acte de décès des parents décédés; 3º de l'acte de mariage des parents ; 4º des états de service du père.

A 13 ans, les pupilles passent à l'Ecole des mousses.

L'établissement des pupilles est commandé par un capitaine de frégate. L'instruction professionnelle est dirigée par des officiers et quartiers maîtres. L'instruction élémentaire est donnée par les Frères de la Doctrine chrétienne.

XXXIX

ECOLES PRATIQUES D'AGRICULTURE

MINISTÈRE DE L'AGRICULTURE ET DU COMMERCE

Il existe dans les départements un certain

nombre de fermes-écoles destinées, en vertu des lois du 3 octobre 1848 et du 30 juillet 1875, à l'enseignement pratique de l'agriculture.

Le prix de la pension des élèves (270 fr. par an) est à la charge de l'Etat.

Les demandes d'admission doivent être adressées au directeur de chaque école, et être accompagnées de l'acte de naissance du candidat et d'un certificat de moralité.

Les jeunes gens sont reçus à l'âge de 16 ans ; ils doivent posséder les éléments de l'instruction primaire. On tient compte de l'aptitude aux travaux agricoles.

Les écoles pratiques d'agriculture, d'un ordre un peu plus élevé que les fermes-écoles, reçoivent des candidats mieux préparés, au point de vue de l'instruction.

Les élèves payent au directeur une pension de 400 fr. par an.

Le brevet de capacité délivré à la sortie de tous ces établissements donne droit, sans autre épreuve, au bénéfice du volontariat d'un an.

On peut avoir les renseignements nécessaires au Ministère de l'Agriculture et du Commerce, direction de l'Agriculture.

XL

SOCIÉTÉ D'ADOPTION POUR LES ENFANTS TROUVÉS, ABANDONNÉS OU ORPHELINS

Secrétariat de l'Œuvre : Paris, rue Jacob, 20.
(VIe arrondissement)

Colonies agricoles : Au Mesnil-Saint-Firmin (Oise)
et à Merles (Oise)

La Société d'adoption, fondée en 1843, a pour but de recueillir les petits garçons abandonnés ou orphelins.

Elle les occupe aux travaux de la campagne, leur donne une éducation morale et religieuse, une instruction primaire en rapport avec leur état, et les place ensuite chez des agriculteurs.

La Société envoie les enfants adoptés par elle dans les colonies agricoles qui lui appartiennent au Mesnil-Saint-Firmin et à Merles.

La colonie agricole du Mesnil-Saint-Firmin, dirigée par les Sœurs de Saint-Joseph de Cluny, reçoit les enfants depuis l'âge de 6 ans et les garde jusqu'à leur première communion.

Après leur première communion, ils passent à la ferme de Merles, à 3 kilomètres du Mesnil-Saint-Firmin. Cette ferme est dirigée par les Frères de la Société de Sainte-Marie. Les enfants sont employés à divers travaux de culture, jusqu'au moment où ils peuvent être placés chez des particuliers, où ils continuent à rester sous le patronage de la Société.

L'Œuvre admet les enfants de toutes les parties de la France, moyennant une pension de 240 fr. par an et 50 fr. d'entrée. On exige un certificat de médecin constatant que l'enfant jouit d'une bonne santé et n'a aucune infirmité.

Président : M. Alfred BLANCHE.

Secrétaire général : M. Victor BOURNAT, avocat à la Cour d'appel de Paris, rue Jacob, 20.

Adresser les souscriptions et les demandes d'admission au *Secrétaire général*.

XLI

MAISONS D'ÉDUCATION

Créées par décret impérial du 29 mars 1809 et ordonnance royale du 16 mai 1816.

1° MAISON D'ÉDUCATION DE SAINT-DENIS (SEINE)

MINISTÈRE DE LA GUERRE.

Surintendante : Mme LE RAY.

Cet établissement reçoit gratuitement les filles légitimes des membres de la Légion d'honneur, sans fortune, ayant au moins le grade de capitaine, en activité de service, ou une position civile correspondante à ce grade. Un certain nombre de places payantes sont réservées aux filles, petites-filles, sœurs, nièces et cousines des membres de l'Ordre.

Il ne peut être accordé qu'une place gratuite par famille.

Le prix de la pension d'une élève aux frais des familles est de 900 fr. par an.

Avant l'entrée d'une élève, gratuite ou payante, les parents doivent déposer une somme de 300 fr. pour le trousseau.

Les conditions d'admission exigées d'une jeune fille sont les suivantes :

1° Être âgée de 9 ans au moins, et de 11 ans au plus, au moment de la signature du décret de nomination ;

2° Être en état de subir, lors de l'entrée dans la maison d'éducation, un examen constatant qu'elle sait lire et écrire, qu'elle possède les éléments du catéchisme et les premières notions d'histoire sainte et de grammaire.

Les pièces à fournir à l'appui d'une demande sont :

1° Acte de naissance, dûment légalisé ;

2° Acte de baptême, dûment légalisé ;

3° Certificat de médecin constatant que l'enfant a eu la petite vérole ou a été vaccinée, qu'elle n'a aucun vice de conformation et qu'elle n'est atteinte d'aucune maladie chronique ou contagieuse (si le certificat est délivré par un médecin civil, sa signature doit être légalisée par l'autorité municipale);

4° Certificat constatant que la jeune fille sait lire et écrire et possède les premiers éléments de grammaire, d'histoire sainte et de catéchisme ;

5° Copie dûment certifiée du titre du père comme membre de la Légion d'honneur ;

6° Copie, dans la même forme, des états de service ;

7° Engagement signé par le père, et, à défaut, par la mère ou par le tuteur, si la jeune fille est orpheline, de verser à la Caisse des dépôts et consignations, à Paris, au moment de l'entrée de l'élève, la somme de 300 fr. pour frais de trousseau ;

8° Les familles qui n'ont pas leur domicile à Paris devront, en outre, faire connaître le nom, l'adresse et la qualité d'une personne habitant Paris qui servirait de correspondant à l'élève et s'engagerait à la recevoir dans tous les cas où sa sortie, soit temporaire, soit définitive, serait ordonnée par le Grand Chancelier.

La maison de Saint-Denis est placée sous la surveillance et l'autorité du Grand Chancelier, qui présente les élèves à la nomination du Chef de l'État ; elle est régie par une surintendante qui a sous ses ordres six dames dignitaires et un grand nombre de dames attachées à l'établissement. Les succursales sont desservies par les religieuses de la communauté de la Mère-de-Dieu.

2° SUCCURSALES DE LA MAISON DE SAINT-DENIS

1° Maison d'Écouen (Seine-et-Oise);

2° Maison des Loges, par Saint-Germain-en-Laye (Seine-et-Oise).

Les places gratuites dans ces deux maisons d'éducation de la Légion d'honneur sont réservées aux filles légitimes des membres de l'Ordre, sans fortune, depuis le grade de soldat jusqu'à celui de capitaine inclusivement ou occupant une fonction civile équivalente.

Il ne peut être accordé qu'une seule place gratuite par famille.

Un certain nombre de places payantes sont réservées aux filles, petites-filles, sœurs, nièces ou cousines des légionnaires. Le prix de cette pension est de 600 fr. par an, payables par trimestre et d'avance ; il est dû en plus, en entrant, une somme de 250 fr. pour le trousseau. La Grande Chancellerie prend à sa charge le trousseau des élèves gratuites.

Les conditions exigées des jeunes filles sont les mêmes que celles énoncées plus haut pour l'admission à la maison de Saint-Denis.

Les pièces à produire pour une demande sont celles énumérées pour Saint-Denis dans les paragraphes 1 à 6 et 8.

XLII

SOCIÉTÉ DE PROTECTION

DES APPRENTIS ET DES ENFANTS EMPLOYÉS DANS LES MANUFACTURES.

Paris, Siége de la Société : Rue de Rennes, 44
(VI⁰ arrondissement)

Reconnue d'utilité publique par décret du 4 juin 1868.

La Société de protection a pour but d'améliorer la condition morale et matérielle des apprentis et des enfants employés dans les manufactures, par tous les moyens qui, en respectant la liberté de l'industriel et l'autorité du père de famille, agiront en conformité des lois sur l'apprentissage et le travail des enfants dans les manufactures.

Son action s'exerce par les subventions qu'elle accorde, par les récompenses qu'elle décerne, par sa propagande auprès des industriels de toute la France, etc.

La Société publie un *Bulletin* qui paraît tous les deux mois.

Tous les membres de la Société reçoivent gratuitement le *Bulletin*.

La cotisation annuelle est de 10 fr. ; elle peut être remplacée par une somme de 100 fr. une fois payée.

Les demandes pour faire partie de la Société et toutes les communications et correspondances doivent être adressées à M. Jules PÉRIN, *secrétaire* de la Société.

Le Conseil d'honneur est présidé par le Ministre de l'agriculture et du commerce.

Le Conseil d'administration est ainsi constitué :

Président : M. DUMAS (de l'Institut), membre de l'Académie française, secrétaire perpétuel de l'Académie des sciences.

Secrétaire général : M. Léon LEFÉBURE, ancien membre de l'Assemblée nationale.

Secrétaire : M. Jules PÉRIN, avocat à la Cour d'appel de Paris.

XLIII

ŒUVRE DE NOTRE-DAME AUXILIATRICE

Paris : Rue du Cherche-Midi, 138 (XV⁰ arrondissement,
POUR LES DOMESTIQUES SANS PLACE.

Cette Œuvre, dirigée par les Sœurs de la Croix, a pour but de recueillir, moyennant

1 fr. par jour, les jeunes filles qui désirent se placer comme domestiques.

Elle reçoit aussi les institutrices et les dames de compagnie.

Il faut, pour être reçue dans la maison, présenter les certificats des maîtres que l'on a servis, ou si l'on n'a pas encore été placée, les recommandations du curé et du maire de sa commune.

L'Œuvre loge et nourrit annuellement plus de deux mille personnes sans place ; il y a, en outre, dans l'établissement une école gratuite, tenue par les Sœurs, pour les petites filles indigentes.

S'adresser, pour le placement des domestiques et pour les renseignements, aux Sœurs, rue du Cherche-Midi, 138, à Paris, tous les jours, de 9 heures du matin à 6 heures du soir, les dimanches et les fêtes exceptés.

XLIV

ŒUVRE DE SAINT-JOSEPH

Paris : Rue Vercingétorix, 51 (XIVᵉ arrondissement)

POUR LES DOMESTIQUES HOMMES SANS PLACE.

Cette Œuvre a pour but de créer une famille religieuse aux hommes isolés dans Paris, de les aider à se placer dans des familles chrétiennes et de les maintenir dans la pratique de leurs devoirs religieux et les règles de la morale chrétienne.

La maison de Saint-Joseph offre l'hospitalité aux hommes qui se trouvent sans place ; ils sont admis sur la présentation de bons certificats ; ils payent 1 fr. 50 cent. par jour pour la nourriture et le logement.

Ceux qui sont placés reviennent à la maison quand ils ont des moments libres, surtout le dimanche ; on profite de leur présence pour les instruire et leur rappeler leurs devoirs.

Directeur : M. l'abbé HUCHET, rue Vercingétorix, 51.

XLV

ŒUVRE POUR LES JEUNES OUVRIÈRES

Paris : Rue de la Tour-d'Auvergne, 17 (IXe arrondissement)

Sous la direction des Religieuses de Marie-Auxiliatrice.

Les Religieuses de Marie-Auxiliatrice reçoivent les jeunes filles ouvrières autorisées par leurs parents et munies de certificats et de recommandations du curé et du maire de leur commune. Elles peuvent prendre leurs repas et loger dans la maison moyennant une modique pension (environ 1 fr. 50 par jour).

Elles travaillent au dehors ; les dimanches et jours de fêtes, elles trouvent dans la maison les distractions et les soins convenables.

Cette Œuvre est complétée par une *Société de secours mutuels* qui leur assure entre autres avantages :

1° *En cas de maladie ou de blessure* entraînant incapacité de travail, les visites du médecin, les médicaments, un lit, les soins des Sœurs et les frais de séjour au siége de la Société ;

2° *En cas de chômage*, l'associée aura, si elle le désire, pendant un mois, son logement au siége de la Société, dans des conditions très-favorables.

La cotisation annuelle est de 18 fr. ; celle des membres honoraires est de 25 fr.

XLVI

ŒUVRE DE NOTRE-DAME DE LA PERSÉVÉRANCE

Paris : Rue du Faubourg-Saint-Denis, 157
(X⁵ arrondissement)

L'Œuvre de la Persévérance a été établie à Paris en 1857. Son but est d'offrir un asile aux jeunes filles orphelines ou éloignées de leurs familles, lorsqu'après être sorties d'apprentissage elles commencent à exercer une profession.

Elles travaillent à leur compte particulier dans les magasins ou dans les ateliers, où elles sont placées par leurs parents avec le concours des directrices de l'Œuvre et elles reviennent chaque jour prendre leurs repas et loger dans l'établissement. La direction que reçoivent ces jeunes filles a pour résultat de les habituer au travail, à l'ordre, à l'économie et de conserver en elles les habitudes d'une vie chrétienne et sérieuse.

La rétribution due à la maison est de 30 fr. par mois pour le logement, la nourriture, le chauffage, l'éclairage, plus 10 fr. de frais d'entrée ; le blanchissage se paye à part.

On exige un petit trousseau.

L'Œuvre est administrée par un Conseil, présidé par M. le curé de Saint-Vincent-de-Paul.

Présidente : Mᵐᵉ HARDY, rue des Petits-Hôtels, 28.

Directrice : Mˡˡᵉ POUMET DE PALACIO, rue du Faubourg-Saint-Denis, 157, à qui l'on peut s'adresser pour toutes les demandes de renseignements.

XLVII

ŒUVRE DE NOTRE-DAME DE BONNE-GARDE

Paris : Rue de la Sourdière, 27 (1ᵉʳ arrondissement)

POUR LES JEUNES FILLES ORPHELINES OU ÉLOIGNÉES DE LEUR FAMILLE.

Cette Œuvre, fondée en 1875, a pour but d'offrir les avantages et l'appui de la maison maternelle aux jeunes filles de seize à vingt-cinq ans, orphelines ou éloignées de leur famille et travaillant pour vivre. Les jeunes filles qui y sont admises travaillent à leur compte, soit dans l'intérieur de l'établissement, soit au dehors dans les magasins ou dans les maisons de confection, où elles sont placées par leurs parents ou leurs protectrices avec le concours des Sœurs. Une conduite irréprochable, l'accomplissement des devoirs de la religion, une grande simplicité et docilité, sont les conditions essentielles de l'admission d'une jeune fille.

Moyennant 1 fr. 25 par jour, elles sont logées, nourries, éclairées et chauffées.

L'Œuvre est placée sous le patronage de M. le curé de Saint-Roch et dirigée par les Sœurs de Saint Vincent-de-Paul.

On peut faire partie de l'Œuvre, comme :

Fondateur, par une cotisation annuelle de 100 fr.

Souscripteur, par une cotisation annuelle de 10 fr. au moins ;

Bienfaiteur, par une somme de 500 fr. une fois donnée ;

Donateur, par toute autre offrande.

Les souscriptions et les demandes d'admissions ou de renseignements peuvent être adressées à la Sœur Directrice de l'Œuvre, rue de la Sourdière, 27, à Paris.

XLVIII

ŒUVRE DE NOTRE-DAME-DE-SION

Paris : Rue Notre-Dame-des-Champs, 61
(VI⁰ arrondissement)

Reconnue d'utilité publique par décret du 25 juin 1856.

La Congrégation des Religieuses de Notre-Dame-de-Sion a été fondée en 1844, par le R. P. Théodore Ratisbonne. En dehors de ses nombreux pensionnats, elle donne un asile et l'instruction religieuse aux jeunes filles israélites qui demandent le baptême.

Elle les reçoit avec le consentement de leurs parents et les élève gratuitement dans ses catéchuménats.

Plusieurs maisons de cet ordre sont établies en France, à l'étranger et particulièrement à Jérusalem.

Les demandes et les dons doivent être adressés à Mme la Supérieure générale, rue Notre-Dame-des-Champs, 61, à Paris.

XLIX

HOTEL DES INVALIDES

Paris : Place des Invalides (VIIe arrondissement)

600 lits, y compris 100 de l'infirmerie

MINISTÈRE DE LA GUERRE.

Cet établissement a été fondé par Louis XIV, qui en ordonna la construction par un édit d'avril 1674.

Il est destiné à recevoir les militaires de tous grades des armées de terre et de mer estropiés à la guerre ou vieillis dans le service.

Pour être admis aux Invalides, il faut jouir d'une pension de retraite et remplir l'une des conditions suivantes :

Être amputé ou aveugle;

Être pensionné pour ancienneté de service et avoir 60 ans d'âge au moins;

Être atteint d'infirmités équivalentes à la

perte absolue de l'usage d'un membre, ou être âgé de 70 ans accomplis.

Sont également admis à l'Hôtel :

Les *Français* pensionnés pour des blessures reçues dans les journées de juillet 1830;

Les sous-officiers et soldats des bataillons de la garde mobile pensionnés pour blessures reçues dans les journées de juin 1848.

Les demandes d'admission aux Invalides doivent être adressées aux généraux commandant les corps d'armée, chargés de les instruire et d'apprécier en premier ressort les titres des candidats.

Elles doivent être accompagnées :

1° De la copie exacte du certificat d'inscription de la pension;

2° D'une expédition de l'acte de naissance sur papier libre (cette pièce n'est exigée que pour les candidats dont la pension a été réglée antérieurement à 1817, pour les combattants de Juillet et les gardes-mobiles);

3° D'un certificat délivré par le trésorier-payeur général constatant qu'il n'existe aucune opposition sur la pension du candidat, et qu'elle est entièrement libre de retenue.

Des secours peuvent être accordés aux veuves d'invalides domiciliées à Paris.

Les demandes de secours doivent être adressées au général commandant l'Hôtel, président du Comité chargé de leur examen : elles doivent être appuyées d'un certificat de l'autorité civile constatant que la veuve a une bonne conduite et est réellement nécessiteuse.

Des Sœurs de Saint-Vincent-de-Paul sont attachées à l'établissement.

Gouverneur de l'Hôtel : M. le général comte DE MARTIMPREY.

L

SOCIÉTÉ FRATERNELLE DES OFFICIERS EN RETRAITE

Paris : Mairie du 1ᵉʳ arrondissement.

Approuvée par le Gouvernement.

Le but de cette Société est :

1° De faire toutes les démarches possibles pour procurer des emplois à ceux de ses membres qui en sollicitent ;

2° De venir en aide aux sociétaires malades ou blessés, en leur facilitant, au moyen d'un tarif spécial, les soins du médecin et les médicaments ;

3° De pourvoir directement ou de concert avec les familles, aux frais des funérailles et aux honneurs à rendre aux membres décédés ;

4° De secourir dans la mesure de ses res-

sources et l'application la plus large de ses statuts, les infirmes, les incurables, les veuves et
les orphelins ;

5° D'améliorer la position des vieillards en
constituant une caisse de pension de retraite,
conformément au décret du 26 avril 1856, au
moyen des subventions, des dons et des legs
qui pourraient être accordés ou offerts à la
Société pour cette affectation spéciale.

Le siége de la Société est à la mairie du 1er
arrondissement, à Paris.

LI

MAISON NATIONALE DE CHARENTON

A Saint-Maurice, près Charenton (Seine)

580 lits.

MINISTÈRE DE L'INTÉRIEUR

Cette maison, fondée en 1642, est exclusivement affectée au traitement des personnes des
deux sexes atteintes d'aliénation mentale.

Le quartier des femmes, entièrement séparé
de celui des hommes, est confié, quant à la
surveillance, aux Sœurs Augustines Hospitalières de Belgique.

Il y a dans cet établissement trois classes de

pensions : la première classe est de 1,500 fr. par an ; la deuxième, de 1,200 fr., la troisième, de 900 fr., non compris l'entretien des malades en vêtements et linge de corps, etc., qui reste à la charge des familles, à moins qu'elles ne prennent un abonnement dont le prix varie de 200 à 250 et 300 fr., suivant la classe. Le blanchissage, le raccommodage, le chauffage et l'éclairage en commun sont compris dans le prix de la pension. On peut avoir un domestique ou une femme de chambre pour son service personnel, moyennant un supplément de 900 ou 850 fr.

Un certain nombre de bourses et de demi-bourses, payées sur les fonds de l'Etat, sont à la nomination du Ministre de l'intérieur.

Le placement des malades est volontaire ou d'office.

Les placements d'office sont ordonnés par le préfet de police et par les commissaires de police de Paris, les préfets des départements et les maires des communes.

Les malades peuvent recevoir le dimanche et le jeudi, de midi à 4 heures, les visites de leurs parents, tuteurs ou correspondants, pourvu que les médecins ne les interdisent pas comme nuisibles ou dangereuses.

Directeur : M. DELAGNEAU.

LII

HOSPICE NATIONAL DES QUINZE-VINGTS

Paris : Rue de Charenton (XIIe arrondissement)

Ministère de l'Intérieur

L'hospice des Quinze-Vingts a pour but de secourir des aveugles français, adultes et indigents, de l'un et de l'autre sexe.

Les pensionnaires secourus se divisent en pensionnaires internes et pensionnaires externes.

Les pensions externes sont de trois classes, c'est-à-dire de 100, 150 et 200 fr. par an.

Pour être admis à recevoir les secours annuels, il faut : 1° être Français ; 2° être âgé de vingt et un ans au moins et produire son acte de naissance ; 3° justifier d'une cécité complète et incurable, et, pour la province, produire un certificat délivré par un médecin désigné par le préfet ou sous-préfet du domicile du pétitionnaire ; 4° être dans un état d'indigence constaté par un certificat délivré par le maire de la commune.

Pour être admis à l'hospice des Quinze-Vingts en qualité d'interne, il faut : 1° avoir fait successivement partie des deux classes de pensionnaires externes à 100 et 150 fr. et être, au moment de la demande, dans la classe des pensionnaires externes à 200 fr. ; 2° être âgé de quarante ans au moins.

Le conjoint et les enfants d'un aveugle interne peuvent demeurer avec lui dans l'hospice ; toutefois, les garçons doivent en sortir à quinze ans et les filles à vingt et un ans.

Tout aveugle admis à l'internat reçoit par jour : 1° 1 fr. 40 c. ; 2° 625 grammes de pain.

Les femmes d'aveugles reçoivent un secours de 30 c. par jour à tout âge ; les maris d'aveugles ne reçoivent ce secours qu'à l'âge de soixante ans.

Chaque enfant au-dessous de quatorze ans reçoit un secours de 15 c. par jour ; à partir de quatorze ans, il est mis en apprentissage par les soins de l'administration.

On reçoit l'aveugle seul ou en famille. S'il est seul, il peut à sa volonté faire sa cuisine ou prendre ses repas aux cantines de la maison, moyennant une rétribution proportionnée à ses ressources ; mais nul n'est nourri dans la maison, à l'exception des malades ou des infirmes qui sont placés à l'infirmerie, et, dans ce cas, une retenue est faite sur leur allocation journalière.

Tout aveugle pensionnaire, admis à résider à l'hospice, doit apporter avec lui tout son mobilier ou l'argent indispensable pour se le procurer.

Un grand nombre d'aveugles internes exercent une profession qui leur procure quelques ressources.

L'infirmerie de l'hospice est desservie par les Sœurs de la Charité de Nevers.

Les demandes d'admission et de pension doivent être adressées au Ministre de l'intérieur et être accompagnées des pièces indiquées ci-dessus.

Directeur : M. G. DERRIEN.

LIII

INSTITUTION NATIONALE DES JEUNES AVEUGLES

Paris : Boulevard des Invalides, 56
(VIIe arrondissement)

MINISTÈRE DE L'INTÉRIEUR

Cette Institution, consacrée à l'instruction des jeunes garçons et des jeunes filles aveugles, a été créée en 1791, par Louis XVI. Valentin HAUY, qui avait formé en France un établissement pour les aveugles, en fut le premier instituteur.

Le gouvernement, au moyen d'une subvention accordée à l'Institution, y entretient un certain nombre d'élèves. Le chiffre des bourses a été fixé à 120, qui doivent être divisées, autant que possible, en demi-bourses et trois quarts de bourse, dans la proportion de deux tiers pour les garçons et d'un tiers pour les filles.

Les demandes d'admission gratuite doivent être adressées au Ministre de l'intérieur et être accompagnées : 1° de l'acte de naissance de l'élève proposé, qui ne doit avoir ni moins de 9 ans ni plus de 13 ans ; 2° de l'acte de baptême ; 3° d'un certificat délivré par un médecin et légalisé par qui de droit, constatant que l'enfant est frappé de *cécité complète et incurable*, qu'il jouit de toutes ses facultés intellectuelles, qu'il n'est pas épileptique, qu'il n'est atteint ni de scrofule au second degré, ni de maladies contagieuses, ni d'aucune infirmité qui le rende inhabile aux travaux dont les aveugles sont capables ; enfin, qu'il a eu la petite vérole ou qu'il a été vacciné avec succès.

Indépendamment des boursiers de l'Etat, on admet dans l'Institution des élèves boursiers des départements, des villes et des administrations hospitalières, ainsi que des pensionnaires des familles. Le prix de la pension est, pour ces derniers, fixé à 1,000 fr. par an, à moins d'une réduction qui ne peut être accordée que par le Ministre de l'intérieur ; le prix de la bourse départementale est de 600 fr. Pour tous, le trousseau coûte 320 fr.

Les élèves reçoivent une éducation morale et religieuse, l'instruction primaire et l'enseignement professionnel le mieux approprié à leur situation.

Cet enseignement comprend spécialement la musique et les arts qui s'y rattachent ; quelques ateliers de travaux manuels, tels que la fabrication du filet, l'imprimerie, etc.

Un Comité de patronage et de secours s'occupe des élèves à leur sortie de l'établissement.

Directeur : M. ROMAND.

LIV

INSTITUTION NATIONALE DES SOURDS-MUETS

Paris : Rue Saint-Jacques, 254 (Vᵉ arrondissement)

MINISTÈRE DE L'INTÉRIEUR

GARÇONS

Cette Institution, fondée par l'abbé DE L'EPÉE en 1760 et dotée par Louis XVI en 1778, n'a pas cessé depuis cette époque d'être soutenue par l'Etat, qui y entretient cent quarante places gratuites divisibles par fractions de bourse.

Pour être admis dans l'Institution comme

boursier de l'Etat, il faut en adresser la demande au ministre de l'intérieur et produire l'acte de naissance, l'acte de baptême, des certificats d'indigence, de vaccine, et constatant l'infirmité, toutes ces pièces dûment légalisées.

L'enfant devra avoir 10 ans accomplis et pas plus de 14 ; il est examiné à son entrée par le médecin de l'établissement. Les départements, les communes et les administrations charitables peuvent fonder et entretenir des bourses, dont le prix est de 600 francs.

La durée des études est de 7 ans. Les cours de la division élémentaire comprennent la langue écrite, l'articulation de la parole et sa lecture sur les lèvres de celui qui parle, le calcul et l'enseignement religieux préparatoire à la première communion.

Des ateliers sont établis pour les enfants qui devront demander au travail manuel leurs moyens d'existence. Les principaux ateliers sont consacrés à l'horlogerie, la lithographie, l'horticulture, la reliure, la menuiserie, etc.

Les élèves qui appartiennent à des familles aisées ou qui montrent une aptitude particulière sont placés dans une classe spéciale. Le prix de la pension est fixé à 1,000 fr., à moins d'une réduction qui ne peut être accordée que par le Ministre. Le prix du trousseau est de 320 fr.

Directeur : M. MARTIN ETCHEVERRY.

LV

INSTITUTION NATIONALE DES SOURDES-MUETTES

A Bordeaux

MINISTÈRE DE L'INTÉRIEUR

Cette Institution, fondée par l'abbé SICARD, est aujourd'hui un établissement public exclusivement consacré, par décret du 11 septembre 1859, à l'enseignement des jeunes filles sourdes-muettes.

L'Etat y entretient soixante-quinze bourses, divisibles par fractions.

La durée des études est de six ans. Les conditions d'admission sont les mêmes que pour l'Institution des Sourds-Muets à Paris. L'enseignement et la surveillance sont confiés aux Sœurs de la Charité de Nevers.

Les jeunes filles apprennent à s'occuper des divers travaux du ménage, à coudre, broder, dessiner, peindre sur porcelaine, etc.

Directeur : M. le comte DE MALARTIC.

LVI

INSTITUTION NATIONALE DES SOURDS-MUETS

A Chambéry (Savoie)

Ministère de l'Intérieur

Cet établissement, destiné à l'éducation des Sourds-Muets des deux sexes, était une Institution royale des Etats sardes. Il a été classé parmi les établissements généraux de bienfaisance et d'utilité publique par un décret en date du 17 octobre 1861.

Le quartier des garçons, installé dans le domaine de Corinthe, à 3 kilomètres de Chambéry, est confié aux Frères de l'instruction chrétienne ; les élèves y sont particulièrement dirigés vers la pratique d'une profession agricole. Le quartier des filles forme une section spéciale dans le couvent tenu à Chambéry par les Religieuses du Sacré-Cœur.

On reçoit des pensionnaires et des boursiers. La pension est de 600 fr. ; elle peut être réduite à 400 fr. ; suivant la position des familles. Pour tous les élèves, le prix de la pension est de 250 fr. Aucun élève n'est conservé après l'âge de 21 ans.

Les demandes d'admission doivent être accompagnées : 1° de l'acte de naissance ; 2° d'un certificat de médecin constatant l'infirmité ; 3° d'un engagement de payer la somme de 240 fr. pour le trousseau. Elles doivent être adressées au Ministre de l'intérieur.

Directeur : M. l'abbé RIEFFEL.

LVII

INSTITUTION DES BÈGUES

Paris : Avenue d'Eylau, 90 (XVI⁰ arrondissement)

Traitement du bégaiement et autres défauts de prononciation, sans remède ni opération, ni le secours d'aucun instrument, mais par l'emploi d'une méthode de langage.

Cours payants.

Cours gratuits pour les bègues indigents des départements qui subventionnent l'Institution, sur la présentation de l'acte de naissance et du certificat d'indigence.

Directeur : M. CHERVIN aîné.

CHAPITRE III

Œuvres et Institutions diocésaines

I

UNIVERSITÉ CATHOLIQUE DE LYON

Lyon : Rue du Plat, 35.

L'Université catholique de Lyon a été fondée, en 1876, par les vingt-cinq archevêques et évêques du Sud-Est et du centre de la France. Elle fait avant tout profession d'être dévouée à la chaire infaillible de Pierre et fidèle à ses enseignements.

Elle a pour objet de procurer aux jeunes gens qui fréquentent les cours de ses Facultés, le bénéfice d'un enseignement toujours au niveau des progrès de la science et toujours entièrement chrétien.

Elle est placée sous le patronage de saint Thomas et de saint Irénée, dont elle célèbre solennellement la fête, chaque année, le 7 mars et le 3 juillet.

Un cours de science sacrée, auquel assistent les Étudiants de toutes les Facultés, est fait, une fois par semaine, dans un des amphithâtres de l'Université.

La fondation des Universités catholiques est une Œuvre des plus importantes, qui est digne du concours de tous ceux qui s'intéressent au bien de la Religion et de la Société.

Dans la seconde ville de France, une institution de cette nature est appelée à rendre les plus éminents services.

Foyer de lumières et de saines doctrines, elle formera, pour toutes les carrières libérales et pour celles qui s'y rattachent, des hommes de foi et de savoir.

En faisant naître une salutaire émulation, elle contribuera puissamment au progrès de l'enseignement supérieur. La seule annonce de cette création a déjà produit des résultats considérables.

Ouverte à tous les étudiants, même de cultes dissidents, elle exigera d'eux le respect de son enseignement, l'observation de ses règles disciplinaires, et fera sentir ce qu'une autorité vraie engendre d'utile liberté et de sincère tolérance.

Dirigée par NN. SS. les Evêques, sous l'approbation et avec les encouragements du Saint-Siége, elle donnera aux vérités scientifiques une puissance qu'elles ne peuvent posséder qu'en s'appuyant sur les principes immuables du vrai, du bien et du beau.

Quiconque aime l'Eglise et notre patrie doit donc se réjouir de la fondation dont il s'agit et lui consacrer son généreux concours.

L'Université catholique de Lyon ne peut être créée sans des sommes très-considérables ; mais l'offrande faite dans toute la mesure des ressources de chacun peut les lui procurer.

Conformément aux dispositions arrêtées par Mgr l'archevêque de Lyon, les offrandes, mêmes les plus minimes, sont acceptées et donnent droit au titre de bienfaiteur de l'Université.

Les offrandes peuvent être individuelles ou collectives, c'est-à-dire faites par une seule personne en son propre nom, ou par une paroisse, une corporation, une famille, une association, un établissement, etc., etc.

Des faveurs spirituelles sont accordées à tous les bienfaiteurs sans distinction, et pour tous une messe est célébrée chaque jour, dans la chapelle de Fourvière, tant que durera l'Université.

Des avantages d'une autre nature sont attachés aux dons importants.

On peut fonder une chaire en donnant cent mille francs. Cette chaire portera le nom du donateur, et deux bourses en faveur d'étudiants pauvres seront à sa disposition et à celle de ses héritiers tant qu'existera l'Université.

On peut être fondateur d'Université en donnant dix mille francs. Deux bourses seront à la disposition de ce fondateur pendant sa vie.

On est fondateur de Faculté par le don de cinq mille francs, et on disposera d'une bourse pendant sa vie.

Le montant des offrandes ou souscriptions peut être versé en une seule fois ou en plusieurs fractions, dans un délai qui sera de dix années au plus,

Le versement des offrandes peut être immédiat ou après un délai qui ne peut non plus excéder dix ans,

Des registres sur lesquels sont inscrits tous les dons sont conservés aux archives de l'Unisité,

Des tables spéciales rappellent le nom des principaux donateurs.

'Les offrandes ou souscriptions sont reçues dès ce jour :

1° Au secrétariat de l'archevêché de Lyon ;

2° Par MM. les curés ;

3° Chez M. Guérin, *trésorier-administrateur*, rue Puits-Gaillot, 31 ;

4° Chez M⁰ Coste, notaire, rue Neuve, 7 ;

5° Chez M⁰ Boffard, notaire, place de la Bourse, 2 ;

6° Au secrétariat de la Faculté catholique de droit, rue du Plat, 35.

Mgr l'archevêque, comme administrateur du diocèse de Lyon, est dépositaire de tous les fonds, qui sont capitalisés, puis employés, dès qu'il sera possible, à l'organisation successive des différentes Facultés.

Il est fait appel au concours de tous et on croit pouvoir le solliciter en affirmant qu'il ne saurait être accordé à une Œuvre plus grande, plus féconde et plus digne de la charité catholique.

Les Membres de la Commission exécutive :

MM. LAJONT, *vicaire général, délégué de Mgr l'Archevêque ;*

BRAC DE LA PERRIÈRE, *vice-président ;*

L. BRUN, *vice-président ;*

GUINARD Antonin, *secrétaire ;*

PERRIN Gabriel, *vice-secrétaire ;*

DUCRUET Joseph, *vice-secrétaire.*

MM. ANGLÈS, AYNARD Théodore, BERTHAUD, BLANCHON, Lucien BRUN, BOFFARD, COSTE Louis, DESCOURS André, DESGEORGES Alphonse, DESGRAND Louis, GAIRAL, GENEVET, GUÉRIN Ferdinand, GOURD Joannès, JACQUIER Charles, JACQUET, JAILLARD Pacôme, JACQUIER Félix,

MM. Martin Magloire, le comte de Murard, Rey Henri, Thomasset, Vial.

Comité départemental de la Loire :

MM. Delphin, pro-vicaire, curé de Notre-Dame ; Réal, curé de Sainte-Marie ; Chapuy, curé de Saint-Louis ; le baron de Rochetaillée ; Auguste Gerin ; Henri Descours ; Francisque David ; Antonin Barralon ; Pétrus Granger ; Bodoy; Jean-Marie Epitalon; Guitton.

II

ŒUVRE DU VŒU DE LA CONSTRUCTION DU SANCTUAIRE DE NOTRE-DAME DE FOURVIÈRE

A Lyon : Au Secrétariat de l'Archevêché ;
    A la sacristie de Fourvière ;
    Au bureau du journal l'*Echo de Fourvière*, rue Gasparin, 27.

A Saint-Etienne : Le clergé des paroisses.

Vers la fin de la désastreuse année 1870, les armées allemandes, coalisées contre la France, venaient de subjuguer par les armes les provinces voisines de Lyon. Poursuivant une guerre néfaste, durant laquelle ils foulaient aux

pieds toute espèce de droits, nos ennemis me-
naçaient d'envahir la ville de Lyon elle-même :
rien ne pouvait leur barrer le passage : la ville
était en proie à la discorde, déchirée par des
factions impies. Dans ces circonstances, les
habitants du diocèse, sans distinction de rang,
ceux de la ville et ceux de la campagne, cédant
à un sentiment de piété plus qu'à un sentiment
de crainte, pleins de foi, résolurent, à l'exemple
de leurs ancêtres, d'avoir recours à la vierge
Marie Immaculée, qui leur avait toujours été
favorable et propice dans leurs calamités ; en
conséquence, ils firent vœu d'élever sur la
montagne de Fourvière, conformément à un
projet déjà ancien, un splendide sanctuaire en
l'honneur de la Sainte Vierge, si la ville confiée
à son auguste et puissant patronage parvenait à
échapper saine et sauve aux embûches de tant
d'ennemis.

Trois fois les ennemis ayant été arrêtés dans
l'exécution de leurs projets sinistres, les troubles
civils s'étant apaisés providentiellement, l'on
put voir d'une manière non équivoque que
Marie, se laissant fléchir à nos prières, continuait
à prendre Lyon sous sa protection toute-puis-
sante.

En souvenir donc de si grands bienfaits,
accordés à tous et à chacun, on se mit prompt-
tement à l'œuvre pour accomplir le vœu qu'on

avait fait. Tout près de la chapelle consacrée à
Marie par la piété des ancêtres, et devenue in-
suffisante pour le nombre des visiteurs, grâce à
des dons volontaires, on jeta les fondements
d'un nouveau sanctuaire, consacré à la bienheu-
reuse vierge Marie mère de Dieu, de propor-
tions plus vastes et d'une magnificence plus
grande que celles de l'ancien (1).

La bénédiction de l'emplacement de la nouvelle église de Fourvière a eu lieu le 8 avril
1872 ; la pose et la bénédiction de la première
pierre le 7 décembre 1872.

COMMISSION DE FOURVIÈRE

Sous le haut patronage de Son Eminence le
Cardinal Caverot, Archevêque de Lyon :

Président : M. Alphonse de Boissieu, membre correspondant de l'Institut ;

Vice-président : M. Brac de la Perrière,
doyen de la Faculté catholique de droit ;

Trésorier : M. Ferdinand Guérin, banquier ;

Secrétaire : M. J. Blanchon, directeur de
l'*Echo de Fourvière* ;

Conseillers : MM. Pagnon, prélat de S. S.,
vicaire général ;

(1) Précis du vœu des Lyonnais, déposé dans la première
pierre du monument.

CHRISTOPHE, chanoine, secrétaire général de
l'Archevêché ;

PATER, chanoine, recteur de Notre-Dame de
Fourvière ;

Lucien BRUN, sénateur ;

Joannès GINDRE, négociant ;

ONOFRIO, conseiller à la Cour de cassation ;

THOMASSET, ancien notaire.

III

ŒUVRE DES PETITS-SÉMINAIRES DIOCÉSAINS

Petit-Séminaire de Saint-Jean, *place Saint-Jean, 3,* Lyon.

Petit-Séminaire de l'Argentière (Rhône).

Petit-Séminaire de Saint-Jodard (Loire).

Petit-Séminaire de Verrière (Loire).

Petit-Séminaire de Montbrison (Loire).

Les Petits-Séminaires diocésains offrent aux
familles chrétiennes des garanties sérieuses. Ils
sont dirigés par les prêtres du diocèse et sont
placés sous la haute et paternelle surveillance
de Son Eminence le Cardinal Archevêque de
Lyon.

Le prix de la pension des élèves est de 400 fr.
par an ; cependant, après les deux premiers
trimestres, il peut être fait une réduction de

100 fr., si l'élève se trouve dans certaines conditions qu'apprécient MM. les Supérieurs.

Les élèves venant des écoles cléricales sont, par exception, reçus de droit, dès leur entrée, au prix minimum de 300 fr.

A partir de la classe de quatrième, et après deux trimestres passés dans l'établissement, un dégrèvement de pension au-dessous du prix *minimum* peut encore, dans certains cas, être accordé à la demande des familles.

La quête dite des *Pardons* est la seule ressource dont dispose le diocèse pour pourvoir aux besoins si nombreux et si variés des Petits-Séminaires et de certaines écoles cléricales. Il est à désirer qu'à cette ressource annuelle se joignent les dons extraordinaires de quelques pieux fidèles.

N'oublions pas que ceux qui ont donné à l'Eglise un bon prêtre ont, par cela seul, racheté bien des manquements et contribué au salut d'autant d'âmes que cet homme de Dieu en aura conduites au ciel.

Les dons peuvent être versés entre les mains de MM. les Curés, qui les font parvenir à l'Archevêché.

IV

ŒUVRE DES ÉCOLES CLÉRICALES

Ce sont des Ecoles fondées dans quelques paroisses pour commencer l'instruction secon-daire de jeunes enfants chez lesquels des espé-rances de vocations sacerdotales semblent ap-paraître.

Ces enfants ont l'honneur de remplir les fonctions de clercs dans les offices publics de la paroisse,

Leur professeur est un prêtre désigné par l'autorité diocésaine.

Les parents donnent une modique rétribution mensuelle.

Les élèves des écoles cléricales vont achever leur instruction secondaire dans les Petits-Sé-minaires, où ils jouissent, dès leur entrée, du privilége de ne payer que le prix minimum de la pension.

Paroisses de Saint-Etienne ayant une école cléricale :

1. Saint-Etienne, *professeur :* M. MARCOU.
11. Notre-Dame, *professeur :* M. PERRET.

III. Saint-Charles, *professeurs* : MM. ROBERT et BOISSET.

IV. Sainte-Marie, *professeur* : M. SAMUEL.

V. Saint-Ennemond, *professeur* : M. BARRALLON.

VI. Saint-Louis, *professeur* : M. MURE.

V

ŒUVRE DE NOTRE-DAME DES SOLDATS

> *Et surrexit Judas... et adjuvabant cum omnes fratres ejus.*
> Et Judas se leva... et autour de lui vinrent se ranger tous ses frères.
> (I MACH., ch. III).

L'Œuvre de Notre-Dame des soldats, déjà fondée dans plusieurs diocèses de France, est canoniquement établie dans l'archidiocèse de Lyon sous le haut et bienveillant patronage de Son Eminence le Cardinal-Archevêque (¹).

Obtenir par la puissante intercession de la très-sainte Vierge la conservation de la foi et des mœurs dans l'armée ; inspirer, entretenir et développer au cœur de nos chers soldats l'a-

(¹) Circulaire du 22 novembre 1877.

mour généreux du devoir, de la discipline et du dévouement, tel est le but de l'Œuvre. Les messes militaires, dimanches et fêtes, les instructions et retraites, les réunions et les écoles du soir, les bibliothèques, distributions de livres, et les cercles en sont les principaux moyens.

1° Tous les ans, le 2 novembre, un service funèbre est célébré à la chapelle militaire pour les Associés défunts et tous les militaires, officiers et soldats de l'armée de Lyon.

2° Le premier samedi de chaque mois, une messe est dite par le Directeur de l'Œuvre à l'intention des Bienfaiteurs et Associés.

Les conditions de l'Œuvre sont :

1° Dire chaque jour un *Pater* et un *Ave* avec l'invocation : *Notre-Dame des Soldats, priez pour eux*. Le *Pater* de la prière du matin ou du soir suffit.

2° Faire une offrande d'un sou par semaine (2 fr. 60 par an) ou de dons plus considérables. Nous avons fixé cette cotisation afin de permettre aux personnes peu aisées de s'associer à l'Œuvre, mais nous aimons à compter sur la générosité des familles riches.

3° Se faire inscrire sur le registre de l'Association.

On peut aussi faire inscrire à leur insu les militaires auxquels on s'intéresse, afin de les mettre plus spécialement sous la protection de la sainte Vierge.

L'Œuvre est placée sous la direction du clergé paroissial. M. le Curé voudra bien se charger, comme pour la Propagation de la Foi, de désigner les chefs de dizaines et de recevoir les cotisations. Pour plus de facilité, les sommes perçues et le nom des Associés pourront être remis à M. l'Archiprêtre qui aura l'obligeance de les faire parvenir soit à l'archevêché, soit à M. l'abbé CLOT, aumônier militaire, directeur de l'Œuvre, rue de Vauban, 5, Lyon.

Un comité désigné par Son Eminence administre les sommes recueillies et donne chaque année un compte-rendu des ressources et du progrès matériel et moral de l'Œuvre.

Un bulletin mensuel intitulé l'*Ami du Soldat* et paraissant le 15 de chaque mois est l'organe de l'Œuvre. L'abonnement pour la France et les colonies est de 3 fr. par an, 4 fr. pour l'étranger.

Les bureaux d'administration, de la rédaction, sont à Bourges, 15, rue Joyeuse.

Pour les envois, les correspondances et les abonnements, s'adresser à M. Wattelier, 5, rue du Cherche-Midi, à Paris.

VI

ASSOCIATION DE PRIÈRES ENTRE LES PRÊTRES DU DIOCÈSE

Lyon : M. le Directeur du Grand-Séminaire.

Priez les uns pour les autres, afin que vous soyez sauvés ; car la prière assidue et fervente du juste peut beaucoup ([1]). Personne n'est plus intéressé que les Prêtres à se conformer à cet avis de Saint Jacques ; plus leur ministère est redoutable, plus ils ont besoin de s'aider les uns les autres, afin de se sauver en travaillant au salut de leurs frères : et puisque la prière du Juste peut beaucoup auprès de Dieu, on peut donc beaucoup gagner par la réciprocité des prières faites les uns pour les autres.

La Prière publique a été la fonction journalière des Prêtres pendant leur vie ; ceux du même état qui leur survivent, songent-ils à l'offrir pour eux après leur mort ? Non. Personne, peut-être, pour qui on prie moins que pour eux ; il semble que les sacrifices qu'ils ont si souvent offerts pendant leur vie, les aient

[1] Jacob, I. 16.

purifiés d'avance, ou les aient exemptés de subir
les peines réservées par la Justice divine à la
vertu négligente. Ils portent dans l'éternité le
poids de la colère de Dieu, parce qu'ils ont
péché, et personne ne se hâte de fléchir en leur
faveur cette redoutable colère. Attentifs à recueillir leur succession temporelle, leurs héritiers ne pensent presque pas à leur procurer les
secours spirituels ; et l'expérience journalière
nous fait toucher au doigt la vérité et la justesse
de ces réflexions.

De vertueux Prêtres les ont faites, et se les
sont communiquées pendant le cours d'une
retraite ; en conséquence, ils formèrent le
projet d'une Association sacerdotale, dont
l'objet et la fin seraient de prier fréquemment
les uns pour les autres pendant la vie, surtout
au saint Autel, et de célébrer une fois la Messe
pour le repos de l'âme du confrère associé dont
on apprendrait la mort. Monseigneur l'Evêque
de Sarept goûta si fort ce projet, qu'il se mit
aussitôt à la tête des Associés. Dans la retraite
de 1817, plusieurs de MM. les Curés, ayant
pris connaissance de la susdite Association, se
sont empressés d'en demander le renouvellement à MM. les Vicaires-Généraux, qui ont ac-
cueilli leur demande avec un zèle particulier,
et se sont eux-mêmes mis à la tête des Associés.

Les conditions de la présente association sont :

1° Prier Dieu fréquemment les uns pour les autres pendant la vie ;

2° Célébrer deux Messes chaque année pour les Associés défunts : la première au mois de juillet, et la seconde au mois de janvier ;

3° Tous les ans, M. le directeur du Séminaire de Saint-Irénée de Lyon, qui tient le registre de l'Association, voudra bien prendre au Secrétariat de l'Archevêché une note exacte des Associés défunts, et priera M. le Rédacteur de l'Ordo du Diocèse de les distinguer des autres Prêtres par une croix, de manière que l'Ordo désigne les Confrères défunts pour lesquels il faut prier ;

4° Les Confrères ne sont reçus que pendant la Retraite ;

5° En se faisant inscrire, chacun donne un franc pour les frais de l'impression.

VII

ASSOCIATION CATHOLIQUE DE SAINT-FRANÇOIS DE SALES

POUR LA DÉFENSE ET LA CONSERVATION DE LA FOI

A Lyon : Au secrétariat, quai de l'Archevêché, 25.
A Saint-Etienne : Le clergé des paroisses.

Cette Association, fondée en 1857, a, dans le diocèse de Lyon, une organisation propre et indépendante. Elle publie un *Bulletin* mensuel. Elle n'est affiliée à celle de Paris qu'au spirituel.

Pour tous les renseignements sur cette précieuse Association, voir à la page 31.

VIII

CONFRÉRIE DES SAINTS-MARTYRS DE LYON

A Lyon : M. le curé de Saint-Irénée.

« L'Église a toujours décerné un culte spécial à ceux qui sont morts pour la confession de la Foi. Au temps des persécutions, elle bravait tous les périls pour recouvrer leurs corps mutilés par le fer des bourreaux, elle les ensevelissait avec honneur dans des catacombes. Quand des jours plus sereins se levèrent, elle recueillit leurs ossements et les offrit à la vénération des peuples.

« Les martyrs nous sont donc présentés comme des modèles ; et si l'effusion du sang pour la Foi n'a lieu qu'à certaines époques et dans de certaines conditions que la sagesse de Dieu détermine, le martyre, considéré comme acceptation de la souffrance, à l'exemple du Sauveur du monde et sanctifié par ses mérites, est une condition de la vie du chrétien qui doit semer dans les larmes pour moissonner dans la joie. Tout chrétien est aussi appelé à être martyr ou témoin, en ce sens que, par sa foi et ses actes, il doit rendre témoignage à la divinité de la Religion sainte qu'il professe. »

C'est évidemment de cette pensée qu'est née la Confrérie en l'honneur de nos saints martyrs. L'auteur des *Grands Souvenirs de l'Eglise de Lyon*, M. Dominique Meynis, à qui nous avons emprunté les lignes qui précèdent, croit que cette Association remonte aux jours qui suivirent de près les persécutions. Nos plus anciens monuments portent du reste les traces du culte que, de bonne heure, les Lyonnais aimèrent à rendre à la mémoire de leurs aïeux martyrs. Ce qui est absolument certain, c'est que la Confrérie existait longtemps avant 1562, époque où elle disparut devant les violences calvinistes. Antérieurement à cette date, on ne sait qu'une chose, c'est que la reconnaissance des reliques de saint Irénée, de saint Épipode et de saint Alexandre, en 1410, donna lieu à l'établissement d'une fête que les confrères célébraient, chaque année, le deuxième dimanche après Pâques.

En 1643, plusieurs citoyens notables adressèrent au cardinal de Richelieu, archevêque de Lyon, une supplique pour obtenir le rétablissement de l'ancienne Confrérie des Martyrs. On lit dans cette pièce : « qu'en 1562, l'église de Saint-Irénée ayant été démolie par les hérétiques, les livres de la Confrérie et des fondations de messes étaient demeurés ensevelis sous les décombres, en sorte qu'il n'en était resté aux confrères que le souvenir. » Puis, au nombre des motifs qui les déterminaient à solliciter une nouvelle érection de la Confrérie, les signataires alléguaient en premier lieu leur reconnaissance, rappelant que pendant les années 1623, 1628 et 1629, lorsqu'un mal contagieux dévorait la ville, l'église de Saint-Irénée et ses alentours étaient demeurés seuls à l'abri du fléau, nonobstant le grand nombre de personnes pieuses qui, de toutes parts, accouraient dans cette église pour recevoir les derniers sacrements. « Ce qu'ayant vu, poursuivent les auteurs de la supplique, nous nous sommes assemblés pour nous mettre sous le patronage plus spécial des martyrs, rédiger à nouveau les règlements de la Confrérie et perpétuer cette antique dévotion. »

Ainsi reconstituée, la Confrérie subsista jusqu'en 1792, époque où elle fut emportée avec tant d'autres institutions dans la tourmente révolutionnaire.

Quand, au Concordat, les catholiques recouvrèrent leurs églises, les fidèles se présentèrent de nouveau en foule dans la crypte de Saint-Irénée. La Confrérie des Martyrs ne fut toutefois reconstituée qu'en 1817. En quelques jours, elle redevint florissante sous l'influence de l'esprit de foi qui, réveillé par la persécution de la fin du siècle, produisait alors tant d'œuvres admirables.

Le règlement de l'Association en rend l'accès facile à tous les fidèles de bonne volonté. Il suffit de se faire inscrire sur les registres, de visiter quelquefois, au gré de sa dévotion et de ses loisirs, l'église souterraine de Saint-Irénée, qui peut être appelée le berceau du Christianisme à Lyon, et de payer une cotisation de 3 fr. destinée à couvrir les frais annuels de la Confrérie.

Les Associés s'assemblent trois fois par année dans l'église de Saint-Irénée : 1° le deuxième dimanche après Pâques, fête de la Confrérie ; 2° le jour de la fête de saint Irénée, afin de prendre part à la procession solennelle en l'honneur des saints Martyrs, qui a lieu après les vêpres. Leur présence à cette cérémonie atteste, par une manifestation éloquente, la perpétuité de la Foi que nous ont léguée les Martyrs ; 3° le dernier jour de l'octave des Morts. Le saint sacrifice est offert ce jour-là dans la crypte pour tous les confrères défunts et lecture est donnée du nécrologe des associés morts pendant la période décennale. Disons enfin que l'administration de la Société est confiée à un conseil composé de membres pris dans les différentes paroisses de la ville et que préside M. le curé de Saint-Irénée.

Il n'est pas besoin d'ajouter que de précieuses indulgences ont été accordées à la Confrérie.

Nulle Association n'existe dans notre diocèse qui soit plus catholique et plus lyonnaise dans son origine, aussi bien que dans son but. Comment se fait-il cependant qu'elle soit moins nombreuse aujourd'hui qu'au lendemain de sa restauration en 1817 ?

L'Association en l'honneur des Martyrs de Lyon est l'Œuvre non-seulement la plus antique parmi nous, mais aussi une des plus opportunes. Catholiques du diocèse, vous ne pouvez pas rester indifférents vis-à-vis de cette pieuse phalange qui vous ouvre ses rangs. On raconte, a dit quelqu'un, que des hommes de guerre allaient jadis aiguiser leur glaive sur la pierre qui couvrait les restes d'un chef renommé, comme si de cette cendre glorieuse avait dû sortir une émanation de bravoure ; de même, montez la colline de nos Martyrs, agenouillez-vous dans la vieille crypte, près de leurs ossements, faites-vous inscrire sur le catalogue de leur famille et vous redescendrez mieux disposés à garder votre foi et à combattre les bons combats (1).

(1) *Semaine Catholique* de Lyon, 1872.

IX

CONFRÉRIE DE SAINT-ZACHARIE ET DE SAINT-PONTIQUE

A Lyon : M. le curé de Saint-Irénée.

En présence des projets hautement avoués de l'irréligion méditant de déchristianiser l'enfance, voici une œuvre bien digne de la sympathie des familles catholiques du diocèse de Lyon. Nous voulons parler d'une confrérie d'enfants qui vient de se fonder sous la protection de saint Pontique et de saint Zacharie : le premier, émule de Blandine l'invincible, le second moins connu, mais dont la Providence nous a conservé les reliques, à dix-sept cents ans de distance : tous deux enfants, tous deux Lyonnais, tous deux martyrs.

Grâce à cette association, dès leur plus bas âge, les enfants pourront être nourris des souvenirs héroïques de notre Eglise ; de bonne heure ils apprendront à admirer la grandeur d'âme, à aimer la religion de leurs pères, à la défendre par l'apostolat de leur conduite noble et chrétienne, et, s'il le faut, par l'effusion de leur sang.

La jeune Société a été inaugurée le diman-

che, 14 juillet 1872, dans l'église de Saint-
Irénée qui en restera le siége principal, auprès
de l'autel de saint Zacharie sur lequel repose-
ront désormais les reliques du martyr, renfer-
mées dans une chasse de prix, qui déjà a été
exécutée à l'aide des ressources recueillies par
voie de souscription.

Le règlement des petits associés est tout à
fait approprié à leur âge. D'abord, ils apprendront de leurs mères à réciter chaque jour, dès
qu'ils pourront la prononcer, cette courte invocation : *Saint Pontique et saint Zacharie,
priez Dieu de nous conserver la foi !* On remet une médaille à chaque récipiendaire qui
doit contribuer aux frais de l'association par
l'offrande annuelle d'un franc. Tous les ans, les
jeunes confrères célèbrent leur fête le dimanche
qui suit la solennité de saint Irénée. Ce jour-là
ils assistent à une messe qui est célébrée sur
l'autel de saint Zacharie ; une courte allocution
leur est adressée et la bénédiction des enfants
complète la cérémonie.

Que les catholiques de notre diocèse, que
ceux qui aiment la France, Lyon et l'Eglise,
ceux qui désirent voir grandir leurs enfants
dans le culte de la double patrie, viennent les
placer dès le berceau sous le patronage de ces
deux héros, nos compatriotes qui, dans leur
fleur, furent moissonnés pour Jésus-Christ.

Lorsqu'ils auront cru en âge et en sagesse, quand l'âge de leur première communion sera arrivé, ces enfants deviendront à leur tour membres de la confrérie des Saints-Martyrs. Ainsi, la sève qui sort des ossements de nos ancêtres morts pour la foi ne sera jamais épuisée et leur protection s'étendra sur nos fils jusqu'aux jours les plus reculés (1).

(1) *Semaine catholique* de Lyon, 1872.

CHAPITRE IV

Œuvres paroissiales et locales

I

SOCIÉTÉ DE CHARITÉ MATERNELLE DE SAINT-ÉTIENNE

Siège de la Société : Rue Mi-Carême, 5.

La Société de Charité maternelle a été fondée, à Paris, en l'année 1788, sous les auspices de la reine Marie-Antoinette,

Elle a été établie à *Saint-Etienne* en 1873.

La Société de Charité maternelle a pour but de secourir les pauvres mères de famille et de les engager à nourrir elles-mêmes leurs enfants. Elle encourage le mariage en ne secourant que des femmes mariées, et elle préserve les nouveaux-nés de l'abandon, en imposant aux mères le devoir de nourrir elles-mêmes leurs enfants ou de les élever près d'elles pendant la première année.

Sont membres de la Société les personnes qui donnent leurs noms à la présidente et qui s'engagent à verser chaque année, au mois de janvier, une somme dont le *minimum* est fixé à 20 fr.

Sont considérées comme Associés ou Bienfaiteurs de l'Œuvre, les personnes qui souscrivent pour une somme annuelle de moindre valeur, ou qui lui font des dons soit en argent, soit en layettes ou autres objets qui peuvent concourir au but proposé.

La Société est régie par un Conseil d'administration.

La Société se propose d'accorder à chaque mère dont l'indigence aura été constatée :

1º Pour frais de couches, fr.......... 10 »

2º Une layette..................... 20 »

3º Un secours au 6e mois de l'enfant.. 10 »

4º Une subvention mensuelle de 5 fr. pendant un an .... 60 »

Total....... 100 »

Toutes les mères pauvres peuvent être admises aux secours de la Société sans distinction de culte. Mais la Charité maternelle de Saint-Etienne, ne pouvant de suite étendre ses soins à toutes les mères indigentes, se borne, quant à présent, à offrir ses secours à celles qui lui paraissent plus malheureuses, à savoir :

1° Les femmes qui, ayant perdu leur mari avant leurs couches, ont au moins un enfant vivant ;

2° Celles qui, ayant au moins un enfant vivant, ont leur mari estropié ou atteint d'une maladie chronique ;

3° Celles qui, étant infirmes elles-mêmes, ont au moins deux enfants dont l'aîné est en bas âge,

Lorsqu'en dehors de ces conditions, une mère pauvre se présente, le Conseil reste libre d'admettre ou de refuser sa demande.

Les mères pauvres pour être admises, font leur demande au moins un mois avant leurs couches et elles présentent :

Leur acte civil de mariage.

(L'acte de bénédiction nuptiale suffira si elles sont catholiques).

Les veuves ajoutent à ces titres l'extrait mortuaire de leur mari.

Si une mère pauvre catholique, mais non mariée religieusement se présente à la Société pour solliciter des secours, avant de rejeter sa demande, on s'entend avec l'Œuvre de Saint-François-Régis pour régulariser sa situation.

Si l'enfant est né de parents catholiques, les

frais de couches ne sont payés que sur la présentation d'un extrait de baptême.

Si la mère ne peut de l'avis du médecin nourrir son enfant, le secours mensuel est toujours accordé.

Lorsqu'une mère vient à mourir pendant le temps de l'adoption de l'enfant, la Société continue ses soins jusqu'à l'expiration du temps fixé ci-dessus.

Si une mère admise aux secours prend un nourrisson, on cesse de l'assister.

Il en est de même, si la mère a trompé la Société sur son état d'indigence ou si elle a abusé des secours qui lui sont accordés.

En cas d'une couche double, le secours est doublé, les frais de couche exceptés.

Le siége de la Société maternelle est à Saint-Etienne, rue Mi-Carême, 5, chez Mᵐᵉ EPITALON-BALAY, présidente de la Société.

Conseil d'administration pour l'année 1879

Présidente honoraire :

Mᵐᵉ Henri PALLUAT DE BESSET, au Coin.

Présidente :

Mᵐᵉ EPITALON-BALAY, rue Mi-Carême, 5.

Vice-Présidentes :

Mmes BRÉCHIGNAC-HUMBLOT, rue des Jardins, 20.
LEGIER DE LAGARDE, rue des Jardins, 20.

Secrétaire :

Mme Félix LIGIER, rue Saint-Denis, 1.

Sous-Secrétaires :

Mmes FUSTIER-MERLLIÉ, rue des Jardins, 11.
BODOY-BUHET, rue du Palais-de-Justice, 1.

Trésorier :

M. FAUVAIN, rue du Palais-de-Justice, 10.

Dames conseillères :

Mmes PAYRE-BROSSARD, rue du Treuil, 6.
VARENNE-JAMEN, rue de la Loire, 3.
SUTTERLIN, rue Mi-Carême, 4.
DEVOUCOUX, rue de la Bourse, 30.

Présidente de la Commission des layettes :

Mme MERLLIÉ, rue des Jardins, 11.

Membres de la Commission des layettes :

Mmes DUPLAIN, rue Sainte-Catherine, 6.
BOULIN-TÉZENAS, rue du Grand-Moulin, 4.

Dames distributrices des secours

Paroisse de Saint-Etienne.

Mmes EPITALON-BALAY, rue Mi-Carême, 5.
LEGIER DE LAGARDE, rue des Jardins, 20.
SERRE-BALAY, place de l'Hôtel-de-Ville, 13.
LAPRUNIÈRE, rue des Jardins.
G. BRÉCHIGNAC, rue de la Paix, 10.

Paroisse Saint-Ennemond.

Mmes BRÉCHIGNAC, rue des Jardins, 20.
DEVOUCOUX, rue de la Bourse, 30.
DU PUY, rue des Jardins, 28.
SYMÉON, rue de la Loire, 53.
COURRON Ferdinand, rue de la Loire, 14.
GRANGER-PAGNON, rue de Foy, 8.

Paroisse Sainte-Marie.

Mmes PAYRE-BROSSARD, rue du Treuil, 6.
THIVILLIER-GIRON, rue de la République, 11
PALIARD, rue du Treuil, 6.

Paroisse Notre-Dame et Saint-Louis.

Mmes MONTAGNY, rue du Grand-Moulin, 17.
ROUSSE, rue Neuve, 23.
TÉZENAS-BRÉCHIGNAC, rue Mi-Carême, 11.

Paroisse Saint-Charles.

Mmes Rondel, au Treuil.
Considère, place Saint-Charles, 9.
de Bonnardie, place Mi-Carême.

Paroisse Saint-Roch.

Mmes Camille Gerin, rue du Chambon, 10.
Félix Ligier, rue Saint-Denis, 1.
Marcoux-Massard, rue Saint-Roch, 91.

Paroisse de Montaud.

Mmes Sutterlin, rue Mi-Carême, 4.
Valancogne, rue des Jardins, 11.
Biétrix, à la Chaléassière.
Mariotte, rue Saint-Antoine.

Paroisse de la Nativité.

Mmes Cordier, rue Gérentet, 4.
Riembault, rue Marengo, 3.
Varenne, rue de la Loire, 3.
Chaverot Félix, rue de la Paix, 14.
Marduel, rue de la Bourse, 22.

Paroisse Saint-François.

Mmes Germain de Montauzan, rue des Jardins, 20
Lacroix-Descours, rue de la Sablière, 17.

Paroisse Sainte-Barbe (le Soleil).

Mmes BARROUIN, rue Brossard, 9.
MOUNIER, à Monteil.
REY-PALLE, au Cros.

Paroisse Saint-André.

Mmes GARDETTE, au Rousset.
SOUCHON, au Coin.

Paroisse de Valbenoîte.

Mmes BODOY-BUHET, rue du Palais-de-Justice, 1.
FUSTIER-MERLLIÉ, rue de la Bourse, 30.

*Paroisse Saint-Pierre-Saint-Paul
(la Rivière).*

Mmes MAYREL, au Rey.
GENTON-PARADIS, rue Marengo.

II

SERVICE DES ENFANTS ASSISTÉS

Rue Violette, 15. — Assistance publique.

Ce service est confié aux sœurs de la Charité
et de l'instruction chrétienne de Nevers. Le

bureau de la rue Violette est un lieu de dépôt, de passage ou de traitement.

Les enfants peuvent être reçus depuis le jour de leur naissance ; après douze ans, ils ne sont plus admis. Aussitôt après leur réception, ils sont envoyés à la campagne ; les nouveaux-nés sont confiés à des nourrices, et les plus âgés sont placés chez des artisans ou des cultivateurs sur un certificat de bonne conduite et mœurs établis par M. le Maire et M. le Curé de la commune. Ils ne reviennent au bureau que lorsqu'ils sont malades ou qu'ils voyagent.

Sont reçus :

1° Les enfants qui ont été exposés dans un lieu quelconque, sur la remise d'un procès-verbal délivré par l'officier de l'état-civil.

2° Les enfants portés directement au bureau sur la présentation de l'acte de déclaration de naissance faite à l'officier de l'état-civil, constatant qu'ils sont nés de père et mère inconnus ;

3° Les enfants abandonnés par leurs parents (on doit donner un acte de notoriété constatant l'abandon);

4° Les enfants abandonnés par suite de condamnation judiciaire de leur père ou de leur mère (ils sont admis sur l'avis du commissaire de police contrôlé par l'inspecteur départemental);

5° Les orphelins de père et de mère sur la

production de leur acte de naissance et de l'acte de décès de leurs parents ;

6º Les enfants appartenant aux individus arrêtés ou détenus sous la prévention de crimes ou de délits ;

7º Les enfants des personnes admises dans les hôpitaux.

(Les enfants de ces deux dernières catégories ne sont reçus qu'à titre provisoire.)

Les enfants placés à la campagne sont conduits à la messe, au catéchisme, à l'école et occupés à différents travaux.

Ils sont confiés à la surveillance d'inspecteurs qui examinent s'ils sont convenablement traités, et au besoin signent pour eux des contrats d'apprentissage.

Les nouvelles que peuvent obtenir les parents qui en font la demande à l'Administration se bornent à l'indication pure et simple de l'existence ou du décès et de l'état de santé de l'enfant ; elles peuvent être renouvelées tous les trois mois et sont données gratuitement.

Ce service est réglementé par l'arrêté préfectoral du 4 juillet 1859 et la circulaire du 7 juillet 1875, dont voici les principales dispositions :

Quand une fille-mère ne peut élever son enfant et qu'elle en demande l'admission à l'hospice, le Maire réunit les pièces exigées en pareil cas et les adresse au Préfet pour l'arrondissement chef-lieu, et aux Sous-Préfets pour les arrondissements de Roanne et de Montbrison.

Qu'il s'agisse de secours ou d'abandon, les pièces à produire, sur papier libre, sont :

1º L'acte de naissance de la fille-mère ;

2º L'acte de naissance de l'enfant ;

3º Un certificat du Maire de la commune habitée par la fille-mère constatant son état-civil, son indigence, depuis quelle époque et pendant combien de temps, sans interruption, elle demeure dans la commune. Si elle n'y réside pas depuis un an, le certificat devra indiquer où elle a passé l'année qui a précédé ses couches. S'il s'agit d'une demande de secours, le certificat donnera l'adresse exacte de la nourrice ;

4º Si la mère est veuve, le bulletin de décès du mari ;

5º Si l'enfant est orphelin, les bulletins de décès des père et mère ;

6º Un certificat du percepteur constatant les impositions de toute nature payées par la fille-mère et par ses parents.

Afin de favoriser la légitimation des enfants, toute mère qui, pendant la durée du secours contracte mariage dans les conditions déterminées par l'article 331 du code Napoléon, peut recevoir une allocation de 60 fr. qui lui est payée en vertu d'un arrêté pris par le Préfet, sur la production d'une expédition de l'acte de mariage constatant la reconnaissance du père.

A défaut de reconnaissance dans ledit acte, il devra être justifié que l'enfant a été antérieurement reconnu.

Cette allocation met fin aux secours temporaires.

Les enfants qui ont accompli leur 12e année cessent d'être à la charge du budget départemental, sauf le cas d'infirmités ou de détention.

MM. les Maires doivent inviter les nourrices ou gardiens à remplir exactement les obligations qui leur sont imposées par l'article 18 de l'arrêté préfectoral du 4 juillet 1859.

En cas de décès d'une nourrice, le Maire prend d'urgence les mesures réclamées par l'intérêt de l'enfant et en donne avis à l'inspecteur départemental.

Ces dispositions sont applicables aux enfants secourus temporairement dont les mères viennent à décéder.

Bureau central des enfants assistés
(A la Préfecture).

Inspecteur départemental : M. MICHELETTI, rue Neuve, 18.

Sous-inspecteur : M. CHAUDIÈRE, rue Marengo, 33.

Employé : M. BOISSARD, rue de Lodi, 7.

Bureau des enfants assistés

(A l'hospice de la Charité).

Employé : M. VILLEMAGNE, rue Villebœuf, 30.

III

BUREAU DES NOURRICES

Assistance publique.

Il n'existe pas d'établissement de ce genre à Saint-Etienne.

IV

PROTECTION DES ENFANTS DU PREMIER AGE ET EN PARTICULIER DES NOURRISSONS

Une loi du 23 décembre 1874 a pour but de protéger la vie et la santé de l'enfant âgé de moins de 2 ans placé, moyennant salaire, hors du domicile de ses parents, en nourrice, en sevrage ou en garde. Il devient, par ce fait, l'objet d'une surveillance de l'autorité publique.

Cette surveillance est confiée au Préfet.

Un comité supérieur de protection est institué auprès du ministre de l'intérieur, et des inspecteurs sont chargés par les Préfets de surveiller les personnes ayant un ou plusieurs nourrissons et les bureaux de placement et autres intermédiaires.

Le refus de recevoir les délégués pour cette inspection est puni d'une amende.

Toute personne qui place un enfant en nourrice, en sevrage ou en garde est tenue, sous les peines portées par l'article 346 du Code pénal, d'en faire la déclaration à la Mairie où a été faite la déclaration de la naissance de l'enfant ou à la Mairie de la résidence actuelle (Art. 7.)

Les personnes qui désirent prendre des nourrissons ou se placer comme nourrices doivent se conformer aux règlements spéciaux et se munir, à la Mairie de leur résidence, des certificats nécessaires.

Toute déclaration reconnue fausse est punie.

Les bureaux de placement et les intermédiaires (sage-femme ou autre) ne peuvent exercer sans autorisation et sont l'objet de la surveillance de l'administration.

Si, par suite de la contravention ou par suite d'une négligence de la part d'une nourrice ou d'une gardeuse, il est résulté un dommage pour la santé d'un enfant, un emprisonnement de un à cinq jours peut être infligé.

En cas de décès de l'enfant, l'application des peines portées à l'article 319 du Code pénal peut être prononcée (Art. 11).

V

CRÈCHES

Ces établissements manquent à Saint-Etienne. Nous n'en parlons que pour faire comprendre leur utilité dans une ville manufacturière comme la nôtre.

Ils ont pour but d'aider les ouvrières à nourrir et à élever elles-mêmes leurs enfants.

La crèche garde pendant les heures du travail, sans distinction de religion, l'enfant de 15 jours à 3 ans, dont la mère travaille au dehors et se conduit bien.

Elle est fermée les dimanches et jours fériés. Aucun enfant n'y passe la nuit; aucun n'y est admis quand il est malade.

La crèche est inspectée chaque jour par un médecin.

Le public est toujours admis à la visiter. Les enfants sont reçus à la crèche sur le vu d'un bulletin d'admission signé par les présidents ou la directrice et visé par un des médecins de l'Œuvre.

La mère paye une rétribution qui est, en général, pour chaque jour de présence, de 20 centimes pour un enfant et de 30 centimes pour deux ou plusieurs; elle fournit le linge nécessaire pour la journée; elle vient allaiter deux fois par jour l'enfant non sevré; la plupart des crèches fournissent aux enfants sevrés les aliments nécessaires. Chaque enfant coûte, en moyenne, 70 centimes par jour à l'Œuvre.

ORGANISATION DES CRÈCHES

La salle ou les salles doivent contenir, au moins, huit mètres cubes d'air par chaque enfant.

Elles doivent être éclairées par des fenêtres qui se correspondent, à châssis mobiles, en tout ou en partie, ou offrir des renouvellements d'air artificiel.

Toute crèche doit être pourvue d'un promenoir à ciel découvert, ou au moins d'une cour, d'un balcon ou d'une terrasse.

Nulle crèche ne peut être ouverte avant que le préfet du département n'ait fait constater qu'elle réunit les conditions de salubrité ci-dessus prescrites. L'arrêté préfectoral qui en autorise l'ouverture fixe le nombre d'enfants qui pourront y être admis.

Toute crèche qui désire obtenir l'approbation du ministre de l'intérieur devra faire parvenir à cet effet une demande au ministre de l'intérieur par l'intermédiaire du Préfet.

A l'appui de cette demande doivent être joints :

1° Un avis du Conseil municipal ;

2° Deux copies du règlement de l'Œuvre ;

3° Les comptes-rendus des deux derniers exercices ;

4° Le budget de l'année courante ;

5° Une notice indiquant les dimensions des salles, le nombre d'enfants qui fréquentent habituellement la crèche, etc.

Les crèches approuvées peuvent seules recevoir les encouragements de l'Etat.

(Règlement général sur l'organisation des Crèches. — Arrêté ministériel du 30 juin 1862).

VI

SALLES D'ASILE

Les salles d'asile ont été instituées pour recevoir les petits enfants des deux sexes, de 2 à 6 ans, pendant que leurs parents travaillent. Cette Œuvre fait suite à celle des crèches.

On apprend aux enfants les premières notions de religion, de lecture, d'écriture, de calcul, de chant et de couture. (Règlement du 22 mars 1855.)

L'admission des enfants aux salles d'asile est gratuite ou payante; ils y passent toute la journée, et doivent être conduits le matin et ramenés le soir par leurs parents ; ils apportent leur nourriture.

Pour faire admettre un enfant, il suffit de le présenter à la salle d'asile de son quartier, avec un certificat constatant qu'il a été vacciné et qu'il n'a pas de maladie contagieuse.

Les salles d'asile sont ouvertes tous les jours, excepté le dimanche, du 1er mai au 1er novembre, de 7 heures du matin à 7 heures du soir, et du 1er novembre au 1er mai, de 8 heures du matin à 6 heures du soir.

La première salle d'asile a été fondée, à Paris, en 1828, par M. Denys Cochin ; ces établissements se sont promptement multipliés, et ils furent rangés parmi les institutions publiques par la loi du 23 juin 1833.

Le règlement suivi aujourd'hui date du 21 mars 1855.

Il existe en ce moment à *Saint-Etienne* des salles d'asile communales ou privées.

Salles d'asile communales.

DIRIGÉES PAR LES CONGRÉGANISTES.

Paroisses :

St-Étienne : r. des Deux-Amis, 20. — *Sœurs St-Joseph.*

St-Ennemond : rue Soleysel, 1. — *Sœurs St-Charles.*

Valbenoîte : rue Coraly-Royet. — *Sœurs de Nevers.*

St-Pierre-St-Paul : place de l'Église. — *Sœurs St-Joseph.*

Notre-Dame : rue de la Vierge, 12. — *Sœurs St-Charles.*

St-Louis : rue St-Denis, 33. — *Sœurs St-Charles.*

St-Roch : rue du Vernay, 36. — *Sœurs de la Sté-Famille.*

St-François-Régis : rue de la Vaise, 6. — *Sœurs St-Charles.*

St-Charles : rue de l'Ile, 24. — *Dames de l'Instruction.*

Montaud : rue St-Antoine. — *Sœurs St-Charles.*

St-André : quartier Gaillard (Champrond) — *Dames de l'Instruction.*

Ste-Marie : rue des Chappes, 12. — *Sœurs St-Joseph.*

Ste-Barbe : place de l'Église, 18. — *Sœurs St-Charles.*

Nativi   rue de l'Eternité. — *Dames de l'Instruction.*

DIRIGÉES PAR LES LAÏQUES.

Garçons :

Rue des Grandes-Mollières, 88.

Filles :

Rue des Grandes-Mollières, 86.

Salles d'asile privées.

Saint-Etienne : rue de la Paix, 35. — *Sœurs St-Joseph.*

St-Charles : rue de l'Ile, 24. — *Dames de l'Instruction.*

Ste-Marie : rue de la Providence. — *Sœurs St-Joseph.*

St-Roch : rue du Vernay, 36 — *Sœurs de la Sté-Famille.*

Montaud : rue de Montaud. — *Sœurs St-Joseph.*

Commission d'examen chargée de constater l'aptitude des personnes qui aspirent à diriger les salles d'asile.

MM. l'inspecteur d'Académie, *Président.*

l'abbé DELPHIN, curé de Notre-Dame.

le *Président* du Consistoire.

MICHELETTI, inspecteur primaire.

le Proviseur du Lycée.

Mmes *la Directrice* de la Salle d'asile de Saint-Ennemond;

la Directrice de la Salle d'asile de Notre-Dame.

VII

ÉCOLES COMMUNALES ET LIBRES DE SAINT-ÉTIENNE, POUR LES GARÇONS ET POUR LES FILLES

DISPOSITIONS GÉNÉRALES

Les enfants, pour être reçus dans les écoles, doivent être âgés de 6 ans au moins et de 13 ans au plus.

Ils doivent présenter leurs actes de naissance et de baptême, et un certificat justifiant qu'ils ont été vaccinés et qu'ils ne sont atteints d'aucune maladie contagieuse.

L'enseignement, dans les écoles primaires publiques, comprend l'instruction morale et religieuse, la lecture, l'écriture, les éléments de la langue française, le calcul et le système légal des poids et mesures, les éléments de l'histoire et de la géographie de la France, le dessin linéaire, le dessin d'ornement et le chant. (Art. 12 du règlement de 1875).

Dans les écoles communales de jeunes filles, les élèves sont exercées aux travaux d'aiguille. (Art. 13.)

Les classes doivent durer trois heures le matin et trois heures le soir; la classe du matin commmence à 9 heures et celle du soir à 1 heure. L'école est ouverte dès huit heures 1/2 du matin.

Les écoles communales sont gratuites.

Les écoles libres suivent à peu près les mêmes cours que les écoles communales.

ÉCOLES COMMUNALES ET LIBRES.

I. PAROISSE DE SAINT-ÉTIENNE.

Ecoles Communales.

GARÇONS.

DIRIGÉES PAR LES CONGRÉ-GANISTES.	DIRIGÉES PAR LES LAÏQUES.
Rue des Jardins, 24. — *Frères de la Doctrine chrétienne.*	Rue du Mont-d'Or. — *M. Mondon*

FILLES.

Rue des Deux-Amis, 16 — *Sœurs St-Joseph.*

Ecoles Libres.

GARÇONS.

Rue de la Pareille, 20. — *M. Boisson.*

FILLES.

Rue Mi-Carême.— *Sœurs St-Joseph.*	Rue de la Bourse, 27. — *Mlle Rousset.* Grande-rue Mi-Carême. — *Mlle Faure.* Rue de la Sablière. — *Mlle Bonneville.* Rue Roannelle, 16. — *Mlles Maurice.* Rue St-Paul, 13. — *Mlle Curat*

II. PAROISSE DE SAINT-ENNEMOND.

Ecoles communales.

GARÇONS.

Rue Descours. — *Frères de la Doctrine chrétienne.*

Rue du Puy. — *M. Frachisse.*

FILLES.

Rue Saint-Ennemond, 5. — *Sœurs St-Charles.*

Rue du Puy : Mlle *Canel.*

Ecoles libres.

GARÇONS.

FILLES.

Rue Tardy. — Mlle *Catonnier.*

Rue Beaubrun. — Mlle *Meunier.*

Rue Tarentaise. — Mlle *Besseyre.*

Rue des Pénitents. — Mlle *Girinon.*

III. PAROISSE DE VALBENOITE.

Ecoles communales.

GARÇONS.

Rue des Passementiers. — *M. Pouradier.*

FILLES.

Place de l'Abbaye, 8. —
Sœurs Saint-Joseph.

Ecoles libres.

GARÇONS.

Place de l'Abbaye, pen-
sionnat, *Frères Maris-
tes.*

FILLES.

Rue Coraly-Royet, *Sœurs
de Nevers.*

IV. PAROISSE DE SAINT-PIERRE-SAINT-PAUL.

Ecoles communales.

GARÇONS.

A la Rivière. — *M. Poye-
ton.*

FILLES.

A la Rivière. — *Mlle Du-
bost.*

Ecoles libres.

GARÇONS.

FILLES.

Place de l'Eglise. — Pen-
sionnat, *Sœurs de St-
Joseph.*

V. PAROISSE DE NOTRE-DAME.

Ecoles communales.

GARÇONS.

Rue Valette. — *Frères de la Doctrine chrétienne.*

FILLES.

Petite rue du Jeu-de-l'Arc, 2. — *Sœurs St-Charles*

Rue Notre-Dame, 17. — *Mlle Dussurget.*

Ecoles libres.

GARÇONS

FILLES.

Rue Fontainebleau. — *Sœurs Saint-Charles.*

Petite rue Neuve, 5. — *Mme Coignet.*

VI. PAROISSE DE SAINT-LOUIS.

Ecoles communales.

GARÇONS.

Rue du Bas-Vernay. — *M. Faure.*

FILLES.

Rue St-Denis, 33. — *Sœurs Saint-Charles.*

Ecoles libres.

GARÇONS.

Rue Désirée, 26. — *Frères de la Doctrine chrétienne.*

Rue de la Charité, 3. — *M. Faure.*

FILLES.

Rue Saint-Denis, 33. —
Sœurs Saint-Charles.

Rue d'Annonay. 14. —
Mlles Curtelin et Mondon.
Place du Palais-des-Arts.
— *Mlle Belat.*

VII. PAROISSE DE SAINT-ROCH.

Ecoles communales.

GARÇONS.

Place St-Roch. — *Frères
de la Doctrine chrétienne*

Rue du Bas-Vernay, 2. —
M. Faure.

FILLES.

Grande rue St-Roch, 75.
— *Sœurs St-Charles.*

Rue du Bas-Vernay, 29.
— *Mme Rochat.*

Ecoles libres.

GARÇONS.

Rue St-Roch, 73. — *M.
Fournier.*
Rue des Rives, 22. — *M.
Trollier.*

FILLES.

Rue du Vernay, 36. —
Sœurs de la Ste-Famille

Rue de la Mulatière, 98.
— *M. X...*

VIII. PAROISSE DE SAINT-FRANÇOIS-RÉGIS.

Ecoles communales.

GARÇONS.

Route de St-Chamond, 2,
ou rue de la Valse, 2. —
*Frères de la Doctrine
chrétienne.*

A la Verrerie (Bérard). —
M. Dechavanne.

FILLES.

Rue de la Valse, 6. —
Sœurs Saint-Charles.

Ecoles libres.

GARÇONS.

FILLES.

Rue Richelandière. —
Sœurs Saint-Charles.

IX. PAROISSE DE SAINT-CHARLES.

Ecoles communales.

GARÇONS.

Rue de l'Ile. — *Frères de
la Doctrine chrétienne.*

Rue du Coin. — *M. Va-
nel.*

FILLES.

Place Jacquard, 16. —
Sœurs Saint-Charles.

Place St-Charles. — *Mlle
Thomas.*

Ecoles libres.

GARÇONS.

Rue de l'Alma, 3. — *Frè-
res Maristes.*

FILLES.

Rue Saint-Charles, 5 —
Mme Barrallon.

Rue Saint-Charles, 26,
Mlle Tournier.

Place Saint-Charles, 19,
Mlle Janicot

Place Mi-Carême, *Mlle
Chapelle.*

Rue de Roanne, 26, *Mlle
Vincent.*

X. PAROISSE DE MONTAUD.

Ecoles communales.

GARÇONS.

Rue St-Antoine. — *Frères de la Doctrine chrétienne.*

Place de Montaud. — *M.* Buisson.
A la Terrasse 114, *M. X...*

FILLES.

Rue St-Antoine. — *Mlle* *Thiollier.*
A la Terrasse, 124. — *Mlle X...*

Ecoles libres.

GARÇONS.

Rue de Montaud. — *M. Fraisse.*

FILLES.

Rue de Montaud. — Externat, *Sœurs St-Joseph.*
Rue de l'Eglise. — *Sœurs Saint-Charles.*

Rue de Montaud, 6. — *Mlle Endraud.*
Rue de Montaud, — 57, *Mlle X...*

XI. PAROISSE DE SAINT-ANDRÉ.

Ecoles communales.

GARÇONS.

Quart. Gaillard (Champ-Rond). — *M. Malgret.*

FILLES.

Quartier Gaillard. — *Dames de l'Instruction.*

Ecoles libres.

GARÇONS.

Quart.-Gaillard (Champ-Rond). — *Frères de la Doctrine chrétienne.*

FILLES.

XII. PAROISSE DE SAINTE-MARIE.

Ecoles communales.

GARÇONS.

Rue des Chappes, 7. — *Frères de la Doctrine chrétienne.*

Rue de Lyon, 48. — *M. Arnaud.*

FILLES.

Rue de la République, 24. — *Sœurs St-Charles.*

Rue des Arts. — *Mlle X...*

Ecoles libres.

GARÇONS.

Cours de l'Hôpital, 5. — Externat, *Frères de la Doctrine chrétienne.*

FILLES.

Rue de la Providence. — *Sœurs Saint-Joseph.*

Rue de la Croix, 23. — *Mlle Granjon.*

XII. PAROISSE DE SAINTE-BARBE.

Ecoles communales.

GARÇONS.

Au Trève. — *Frères de la Doctrine chrétienne.*

Rue de la Roche-du-Soleil. — *M. Simon.*

FILLES.

Place de l'Eglise, 18. —
Sœurs Saint-Charles.

Rue de la Talaudière, 50.
— Mlle X...

Ecoles libres.

GARÇONS.

FILLES

Place de l'Eglise, 18. —
Sœurs Saint-Charles,

XIV. PAROISSE DE LA NATIVITÉ.

Ecoles communales.

GARÇONS

Rue Royet, 56, Frères de
la Doctrine chrétienne.

Rue Royet, 79. — M.
Vigouroux.

FILLES

Rue de l'Eternité. — Mlle
Souchon.

Ecoles libres.

GARÇONS.

FILLES.

Commission d'examen pour le brevet de capacité de l'enseignement primaire.

M. NICOLARDOT, vice-président du Conseil
de préfecture.

M. MICHELETTI, *inspecteur primaire.*

M. FAURON, *professeur.*

M. l'abbé LARUE, *aumônier du Lycée.*

M. BERT, *frère des Ecoles chrétiennes.*

M. DUPONT, *pasteur protestant.*

M. SCHULL, *rabbin.*

M. FÉNAL, *professeur.*

M. COUVREUR, *proviseur.*

VIII

ÉCOLE LIBRE SAINT-MICHEL

DIRIGÉE PAR LES PÈRES DE LA COMPAGNIE DE JÉSUS

Rue Saint-Michel, 10

L'Ecole Saint-Michel a pour but d'assurer à la jeunesse, avec les avantages d'une instruction solide, le bienfait d'une éducation vraiment chrétienne.

L'enseignement embrasse toutes les matières d'instruction secondaire, y compris la préparation aux deux baccalauréats.

Il n'y a pas à Saint-Michel de cours professionnels.

On admet dans l'Ecole Saint-Michel des externes, des demi-pensionnaires et des pensionnaires : l'âge ordinaire de l'admission est de huit à douze ans.

Le prix de la pension est de 800 fr. pour l'année scolaire jusqu'en troisième exclusivement.

A partir de la troisième, le prix est de 900 fr. Dans cette somme, sont comprises les leçons d'une langue étrangère.

Les répétitions et leçons particulières sont aux frais des parents.

Le prix de la demi-pension est de 500 fr. jusqu'à la troisième exclusivement; de 600 à partir de la troisième.

Les demi-pensionnaires prennent au Collége le dîner et le goûter.

Ils viennent le matin à 7 heures 1/4 et sortent le soir à 7 heures. Le dimanche et le jeudi ils partent avant la promenade.

Le prix de l'Externat gardé est de 150 fr., depuis les classes élémentaires jusqu'à la troisième exclusivement; de 220 fr. à partir de la troisième, leçons de langue étrangère comprises.

Les externes passent toute la journée dans la maison, de 7 heures du matin à 7 heures du soir, excepté le temps du dîner et les soirées des jours de promenade. Les élèves des cours élémentaires sortent à 4 heures 1/2.

IX

PENSIONNAT SAINT-LOUIS

DIRIGÉ PAR LES FRÈRES DES ÉCOLES CHRÉTIENNES

Rue Désirée, 22

Donner à la jeunesse une bonne éducation et une solide instruction, tel est le but du Pensionnat Saint-Louis.

L'enseignement prépare surtout au commerce et à l'industrie.

Il y a un cours préparatoire pour l'Ecole des Mineurs de Saint-Etienne et un autre pour celle des Arts-et-Métiers.

Les enfants peuvent être présentés dès l'âge de six ans.

On ne permet de visites que celles des parents ou de correspondants connus et aux heures suivantes :

1° De midi 1/2 à 1 heure 1/2.

2° De 4 heures à 4 heures 1/2.

En hiver, le dimanche, les jours de fêtes et les jeudis, de 4 1/2 à 5 1/2.

En été, le dimanche seulement, de 5 heures à 6 heures.

Il y a sortie au jour de l'an et à Pâques.

L'Etablissement reçoit des pensionnaires et des demi-pensionnaires.

La pension annuelle est fixée à 650 fr. pour les élèves du *Cours supérieur* ; à 600 fr. pour les élèves du *Cours élémentaire*.

Les élèves du Cours des Arts-et-Métiers paient en plus 50 fr., pour leçons particulières, examens et frais d'atelier.

Un supplément de pension de 150 fr. sera exigé pour tous les élèves qui passeraient leurs vacances dans l'établissement.

Cours des Mineurs.

Ce Cours prépare à l'Ecole des Mineurs de Saint-Etienne.

Tous les élèves sont pensionnaires et forment une division à part. Ils sont partagés en deux classes.

A leur entrée, ils sont examinés et classés suivant le résultat de cet examen. S'ils ne peuvent suivre aucune des deux classes, ils sont placés dans un autre Cours aux conditions du Prospectus.

L'enseignement comprend toutes les spécialités du programme d'admission à cette Ecole, et de celles qui sont utiles pour en suivre les Cours avec honneur et facilité.

La pension annuelle pour les élèves mineurs est de 900 fr. pour la 1re division.

850 fr. pour la 2e division.

Dans ce prix sont compris tous les frais énoncés plus haut ; et, en outre, les frais de laboratoire et d'examens.

Il ne reste donc à la charge des parents que les fournitures classiques, et les leçons facultatives : musique, escrime, etc., et la chambre (1) pour ceux qui la demandent.

Lorsque, pour se préparer au second examen, un élève passe une partie des vacances dans l'Etablissement, il paie un supplément de pension au prorata du temps.

X

PENSIONNAT SAINTE-MARIE

A Valbenoîte

Le Pensionnat Sainte-Marie occupe le local de l'ancienne abbaye des religieux de Saint-Benoît. La maison, agrandie et entièrement restaurée, réunit toutes les conditions désirables de salubrité, de commodité et d'agrément : terrasses, allées et promenade plantées d'arbres,

(1) Cette chambre n'est absolument que pour la nuit.

excellent air et complète indépendance : préau couvert et bassin de natation.

. Le but que les Frères Maristes se proposent, c'est d'offrir aux Familles les garanties d'une éducation essentiellement chrétienne, et d'assurer à leurs Elèves une instruction solide, qui les rende capable de suivre honorablement la carrière à laquelle ils sont destinés.

Le cours d'études est de sept ans ; il comprend la religion, l'enseignement complet et pratique de la langue française, l'histoire, la géographie, la cosmographie, l'arithmétique, l'algèbre, la géométrie, la trigonométrie, l'arpentage, le nivellement et la géodésie, la mécanique, l'agriculture, la comptabilité, le dessin linéaire et d'ornement, la physique, la chimie, l'histoire naturelle, la minéralogie, le plain-chant, la musique vocale et le droit commercial : ces cours régulièrement suivis préparent les Elèves au diplôme d'études de l'enseignement secondaire spécial.

Il y a, en outre, des cours facultatifs de musique instrumentale, de piano, d'harmonium ou orgue, de dessin académique, d'aquarelle, d'anglais, d'allemand, d'italien, de gymnastique et des cours spéciaux pour les jeunes gens qui se destinent à l'industrie, à l'Ecole des Arts-et-Métiers, à l'Ecole des Mines et à l'Ecole Centrale.

Des leçons particulières sont données par des professeurs de l'Etablissement aux Elèves qui se destinent aux Ecoles du gouvernement ou à des professions spéciales. Les conditions pour ces leçons dépendent du temps qu'on y consacre.

Les élèves sont admis dès l'âge de six ans environ. Les plus jeunes forment une division spéciale, et sont l'objet de soins tout particuliers.

Pour être reçu, tout élève doit présenter :

1° Une attestation de bonne conduite, s'il a fréquenté quelque autre Etablissement ;

2° Son extrait de baptême, s'il n'a pas fait sa première communion ;

3° Un certificat de vaccine, s'il n'a pas eu la petite vérole.

En entrant, il subit un examen qui détermine le cours qu'il doit suivre.

Les élèves ne sont reçus que pour l'année entière.

La pension pour les dix mois de l'année scolaire est de 500 fr., payables en trois termes et d'avance : 175 fr. à la rentrée, 175 fr. les premiers jours de janvier et 150 fr. à Pâques.

Pour les Elèves du cours supérieur, ce prix est élevé de 100 fr., sans qu'il soit besoin d'avis, ni de conventions nouvelles.

Les nouveaux pensionnaires, admis dans le courant de l'année scolaire, paient 50 fr. par chaque mois de séjour.

Les Elèves du cours des Arts-et-Métiers paient en plus 60 fr., pour leçons particulières, examens et frais d'atelier.

Un supplément de pension de 150 fr. sera exigé pour tous les Elèves qui passeraient leurs vacances dans l'Etablissement.

Depuis plusieurs années, l'Etablissement présente avec succès des jeunes gens pour l'Ecole des Mineurs de Saint-Etienne. La pension des Elèves qui suivent le cours préparatoire à cette Ecole est de 600 fr. pour l'année scolaire.

Les Élèves ne reçoivent des visites que de leurs parents ou de leurs correspondants reconnus. Ces visites ont lieu aux parloirs :

1° De midi 1/4 à 1 h. 1/4;

2° De 4 h. 1/2 à 5 h.

XI

PENSIONNAT DE LA VISITATION SAINTE-MARIE
A BEL-AIR

Inspirer aux jeunes personnes une piété solide et éclairée, former leur cœur à la vertu, orner leur esprit de toutes les connaissances qu'exige la bonne éducation, habituer la jeunesse à l'ordre et à l'amour des occupations sérieuses, tel est le but qu'on se propose pour répondre à la confiance des parents et contribuer au bonheur des familles et de la Société.

La situation de la Maison, l'air pur qu'on y respire, sont très-favorables à la santé. Les soins vigilants et assidus donnés aux élèves ne laissent rien à désirer à la tendresse maternelle.

Les objets de l'enseignement sont, après la Religion et avec la Religion, la lecture, l'écriture, la langue française, l'arithmétique, l'histoire, la géographie ancienne et moderne, la cosmographie, les principes de la logique, les éléments de littérature nécessaires pour former le style et le goût, quelques notions de physique et d'histoire naturelle, l'économie domestique et le travail des mains.

On fait entrer dans le plan des études les langues étrangères et les arts d'agrément, tels que la musique vocale et instrumentale, le dessin, la peinture.

Le cours des études est ordinairement de six ans; il est suivi d'une classe supérieure pour les élèves qui désirent perfectionner leur instruction.

La pension est de 800 fr. pour l'année scolaire.

Tous les jeudis, aux heures indiquées sur le tableau, les élèves seront visibles dans les parloirs extérieurs. La visite est supprimée lorsqu'une grande fête se rencontre le jeudi.

Les élèves pourront sortir : 1° la veille du premier jour de l'an, à 8 heures du matin, et devront rentrer le 4 janvier, à 5 heures du soir ; 2° le lundi de Pâques, à 7 heures 1/2 du matin, et rentreront le lundi suivant à 5 heures du soir. On ne permettra aucune autre sortie, à moins de circonstances extraordinaires dont la Supérieure se réserve l'appréciation.

XII

PENSIONNAT DES RELIGIEUSES MARISTES

Rue Paillon, 22

Unir une instruction solide et complète à une éducation vraiment pratique et sérieuse au point de vue de la Religion, de la Famille et de la Société : tel est le but que se proposent les Religieuses Maristes.

La Religion convenablement développée, la lecture, les divers genres d'écriture, la langue française, la littérature, l'histoire, la géographie, l'arithmétique, la tenue des livres, la cosmographie, l'histoire naturelle, etc., etc.

On s'attache spécialement à inspirer aux jeunes personnes le goût de l'ordre, de l'économie domestique et du travail manuel ; on les applique à la couture, au raccommodage, puis aux

divers genres de broderie et ouvrages d'agrément.

1° Les visites n'ont lieu que le jeudi et le dimanche aux heures désignées. Il n'y a d'exception que pour les parents qui viennent de loin ;

2° Les sorties générales sont fixées au 1er de
l'an et à Pâques; les sorties particulières ne
sont accordées que pour des raisons majeures ;

3° Les élèves ne peuvent apporter aucun
livre sans la permission de la Supérieure ;

4° On demande, à l'entrée de l'élève, son
extrait de naissance et celui de baptême.

Le prix de la pension pour l'année scolaire
est de 550 fr. payables toujours d'avance et en
quatre termes : le premier à l'entrée de l'élève,
les trois autres au 15 décembre, 1er mars, 15
mai.

XIII

PENSIONNAT DES RELIGIEUSES SAINT-JOSEPH

Rue Mi-Carême.

Former tout à la fois l'esprit et le cœur
des jeunes filles ; jeter dans leur âme et y
développer les principes fondamentaux d'un
caractère heureux, d'une conduite régulière,

d'une piété douce, aimable, éclairée, inébranlable, qui ne se démente jamais ; leur apprendre à joindre l'utile à l'agréable ; les fixer enfin solidement dans la connaissance et la pratique de leur devoir de religion et de société, voilà l'œuvre sacrée, la mission sublime à laquelle les Religieuses de Saint-Joseph ont consacré tout ce que Dieu leur a donné et leur donnera de force, d'intelligence, de santé ; tout ce que les années leur ont apporté d'expérience.

Ce Pensionnat, dirigé par des Religieuses de Saint-Joseph, existe depuis de longues années ; sa situation dans les quartiers les moins bruyants et les moins peuplés de Saint-Etienne, le met à l'abri d'une atmosphère trop insalubre. Un enclos passablement vaste, des dortoirs bien aérés, des salles spacieuses, une nourriture en tout temps saine, abondante et variée, nous rassure sur la santé de nos élèves.

Le prix de la pension est de 600 fr., y compris le blanchissage, payable par trimestre et d'avance.

XIV

PENSIONNAT DES DAMES SAINT-CHARLES

Rue Valbenoîte, 18.

Ce Pensionnat, situé au centre de la ville,

existe depuis de longues années et est très-avantageusement connu.

La pension, payable par trimestre et d'avance, est de 500 fr. ; non compris les fournitures classiques ni les arts d'agrément.

Il y a trois sorties générales dans l'année : au 1ᵉʳ de l'an, à Pâques et à la Pentecôte. Les demandes particulières de sortie doivent être appuyées sur des raisons graves.

Les jours fixés pour les visites sont le jeudi et le dimanche, de 4 à 6 heures. Les parents sont *instamment* priés de ne pas déranger les élèves en dehors des jours désignés. Les commissions doivent être remises à la sœur portière.

XV

PENSIONNAT DE LA SAINTE-FAMILLE

Rue du Vernay, 36.

Ce Pensionnat de demoiselles, dirigé par les religieuses de la Sainte-Famille, se recommande au choix des parents sous trois rapports.

De construction récente, sa maison offre tout le beau, le large, le commode des établissements de premier ordre, savoir : vastes salles d'étude, dortoirs spacieux à hautes fenêtres, à double rangée de placards destinés à retirer le linge de chaque élève, chapelle à l'intérieur, terrasse magnifique et bien ombragée dominant l'un de ces rares jardins qui permettent de jouir, au cœur même de la ville, de tous les avantages de la campagne, espace plus que suffisant, solitude, bon air, enfin soins maternels de la part des maîtresses, soit pour favoriser le développement des tempéraments au moyen d'exercices, de récréations, de promenades, soit pour prévenir ce qui pourrait menacer la santé des enfants.

Les maîtresses de classe justifient de leur capacité par un brevet académique, et elles sont chargées d'enseigner aux élèves toutes les connaissances d'utilité et d'agrément : Religion, écriture, règles grammaticales, littérature, histoire, géographie, arithmétique, musique vocale, tenue des livres, dessin, piano (les trois dernières aux frais des parents, comme partout ailleurs), de plus, une fois par jour, travaux manuels, tels que raccommodage, lingerie, broderie, etc., etc.

Les parents sont tenus au courant de l'état de leurs enfants, relativement à ces différents points, par un bulletin trimestriel envoyé à domicile. Ils peuvent, en outre, s'en assurer eux-mêmes. Les visites au Pensionnat ont lieu le jeudi, de midi à 3 heures, et le dimanche, de 3 à 6 heures.

Pour l'année scolaire (10 mois), le prix de la

pension est de 400 fr., payables en trois termes et d'avance. Il sera fait une concession de 40 fr. aux parents qui se chargent du blanchissage.

XVI

PENSIONNAT DIRIGÉ PAR LES RELIGIEUSES DE L'INSTRUCTION DE L'ENFANT-JÉSUS

Rue de l'Ile, 24.

Le Pensionnat de l'Instruction est situé rue de l'Ile. L'heureuse disposition de cet Etablissement offre aux Elèves toutes les conditions de salubrité, de bien-être; et de calme, indispensables à la santé des enfants et au succès de leurs bonnes études.

Les Religieuses de l'Instruction ont pour mission spéciale *l'éducation et l'instruction* des jeunes personnes. C'est pour atteindre ce double but que Son Eminence le cardinal de Bonald les appela à Saint-Etienne en 1844.

Depuis cette époque, les Religieuses de l'Instruction n'ont cessé de travailler à cette Œuvre avec un zèle persévérant. Elles sont convaincues que les plus chères espérances de la famille reposent sur la direction bien entendue de la jeune fille.

Elles forment le cœur de leurs élèves par

l'enseignement éclairé de la Religion; leur esprit par toutes les connaissances utiles qui entrent dans le plan d'une bonne éducation.

L'enseignement comprend : la grammaire, la littérature, l'histoire, la géographie, l'arithmétique, l'histoire naturelle, la musique et le dessin.

La maison reçoit des pensionnaires et des externes. Le prix de la pension est de 450 fr.

Les jours de sortie sont fixés au 1er janvier, à Pâques et à la Pentecôte.

XVII

PENSIONNAT DE SAINT-JOSEPH

Valbenoite : Place de l'Abbaye, 6, près l'Eglise.

Le Pensionnat, que dirigent les Religieuses de Saint-Joseph, est en tous points favorable au développement physique et moral des élèves. De vastes appartements, bien aérés, offrent les garanties les plus heureuses, sous le rapport de la salubrité et de l'agrément.

Les Religieuses de Saint-Joseph, désirant répondre à la mission qui leur est confiée, s'appliquent à donner à leurs élèves une éducation simple, solide, complète et surtout chrétienne.

Le travail manuel, objet d'une surveillance

particulière, embrasse la couture, le racommodage, la broderie, etc., etc.

Les élèves ne reçoivent de visites que le dimanche et le jeudi à des heures déterminées.

Le prix de la pension pour l'année scolaire (10 mois) est de 400 fr., y compris le blanchissage qui est de 25 fr.

XVIII

PENSIONNAT SAINTE-CATHERINE

DIRIGÉ PAR LES SŒURS DE LA CHARITÉ ET INSTRUCTION CHRÉTIENNE DE NEVERS

Valbenoîte : Rue Coraly-Royet.

Parmi les diverses œuvres de la charité chrétienne que, depuis près de deux siècles, accomplissent en France les Sœurs de Nevers, l'éducation des jeunes personnes occupe sans contredit la première place ; aussi est-elle, depuis l'origine de leur institut, le but constant de leurs efforts et de leur zèle ; mais elle est spécialement devenue l'objet de leur plus cher dévouement depuis que son importance se rattache plus étroitement que jamais aux intérêts sacrés de la religion et de la société.

C'est sous l'inspiration de ce sentiment qu'elles ont ouvert à Valbenoîte un Pensionnat pour les jeunes demoiselles sur le modèle de ceux établis à Nevers et dans d'autres villes.

Ici comme ailleurs, une seule pensée dirige les maîtresses : rendre les élèves meilleures, ennoblir leur cœur, embellir leur esprit et façonner leurs manières ; en un mot, former les jeunes personnes aux vertus de leur sexe pour les rendre à leurs familles, parées du charme modeste de la piété, de l'instruction et de la politesse, trois conditions d'une éducation achevée. Telle est leur ambition unique comme leur plus douce espérance.

Outre ce but principal, les Sœurs de Nevers ont eu dans la fondation de leur Pensionnat le but éminemment chrétien de procurer un surcroît de secours aux pauvres de la paroisse.

Les parents peuvent voir leurs enfants le jeudi et le dimanche, de quatre heures à six. Les jours de sortie, on ne confie les élèves qu'à des personnes expressément désignées par les parents.

Les vacances durent un mois et demi. Elles commencent dans la première quinzaine d'août et finissent les premiers jours d'octobre.

La pension est de 360 fr. payés par trimestre et d'avance. Les arts d'agrément, les frais de papier et de livres sont en dehors du prix de la pension.

XIX

ŒUVRE DE LA PREMIÈRE COMMUNION

Dans plusieurs paroisses.

Dans presque toutes les paroisses de Saint-Etienne des personnes pieuses s'occupent de fournir l'habillement des enfants pauvres de la première Communion.

Dans quelques-unes des associations placent ces enfants et les surveillent pendant leur apprentissage.

Nous donnons ici comme modèle de ce genre d'Œuvre l'Association existante à la Grande-Eglise.

Elle a pour but : 1° de fournir des vêtements aux enfants pauvres des catéchismes de la paroisse; 2° de leur faire le catéchisme en certains cas ; 3° de les placer et de les patronner ; 4° de leur fournir des secours pendant leur apprentissage ; 5° de les placer dans les Providences.

Les ressources de l'Œuvre consistent en annuités de 5 fr. ; dans le produit d'une loterie annuelle et des quêtes faites aux réunions ; dans les cadeaux offerts par les Associées de l'Œuvre à l'époque de leur mariage.

En 1878, l'Œuvre de la première Communion de la paroisse de Saint-Etienne a dépensé
3,700 fr.

Paroisse de Saint-Etienne :

Directeur : M. l'abbé FERRIER.
Présidente : Mlle A. JURY.
Secrétaire : Mlle J. TESTENOIRE.
Trésorière : Mlle M. CHALANDON.
Conseillères : Mlle M. BRUNON; Mlle Ph.
ROMESTAIN.

XX

ORPHELINAT ET ASILE DE SAINT-VINCENT-DE-PAUL

Cours de l'Hôpital, 3.

GARÇONS ET FILLES

Les enfants sont reçus depuis l'âge de 4 ans
environ. Les plus jeunes enfants sont placés
dans un asile provisoire, au Rey, paroisse de
Saint-Pierre et Saint-Paul, à la *Rivière*.

Les garçons, en âge d'aller à l'école, sont rue
de l'Hôpital, 4, et les filles au Bureau de
bienfaisance, cours de l'Hôpital, 3.

Cet asile et ces orphelinats sont dirigés par
les Sœurs de Saint-Vincent-de-Paul qui desser-
vent le Bureau de bienfaisance.

Les offrandes et les demandes d'admission doivent être adressées à Mme la Supérieure, cours de l'Hôpital, 3.

XXI

ORPHELINAT DE L'HOSPICE DE LA CHARITÉ.

Rue Valbenoîte, 40.

GARÇONS ET FILLES

Cet établissement reçoit : 1° les orphelins pauvres de 6 à 12 ans, que l'on place aussitôt que leur éducation industrielle leur permet de gagner leur vie. Après l'âge de 21 ans, s'ils sont valides, ils ne peuvent plus, quel que soit leur sexe, rester dans l'Hospice à titre d'indigents ; 2° les enfants scrofuleux depuis l'âge de 6 ans, à titre de soulagement temporaire pour les familles nombreuses.

La direction de ces orphelins est confiée aux Sœurs de Saint-Vincent-de-Paul.

Les conditions à remplir pour être admis parmi les orphelins et les orphelines de l'Hospice de la Charité sont les suivantes : 1° avoir de 6 à 12 ans ; 2° être né à Saint-Etienne ; 3° être orphelin pauvre ; 4° ou être scrofuleux et appartenir à une nombreuse famille.

Il faut produire : 1° un extrait de naissance ; 2° un certificat d'indigence délivré par le Bureau de Bienfaisance ; 3° et, pour les enfants scrofuleux, un certificat de médecin.

Les enfants doivent être présentés pour être inscrits et admis le mardi, à 10 heures 1/2 du matin, rue Valbenoîte, 40.

Pour les fondations de lit, les dons et les demandes d'admission, s'adresser à M. le secrétaire des Hospices, rue Valbenoîte, 40, tous les jours non fériés, de 9 heures du matin à 4 heures du soir.

XXII

PROVIDENCE DE LA REINE DIT LE PIEUX SECOURS

Rue de la Paix, 35.

L'Œuvre admirable, connue dans notre ville sous le nom de *Providence de la Reine* ou du *Pieux Secours*, a eu pour fondatrice, vers 1821, une humble fille du nom de Reine Françon, née à Rochepaule (Ardèche), en 1770. Son établissement dans la rue de la Paix date de quelques années plus tard.

Il existe un grand nombre de jeunes filles

sans parents (1), ou, ce qui est encore pire, abandonnées par leurs parents ; il ne saurait y avoir d'Œuvre plus recommandable et plus salutaire que de remplacer pour ces abandon·nées, la famille absente, trop pauvre ou indigne. Que pourraient devenir, sur le pavé d'une grande ville, ces pauvres enfants sans expérience, sans force et sans ressources ? Accablées de misères, délaissées de tous, elles seraient condamnées à mourir de faim, ou si elles ont atteint l'âge d'arracher au passant une aumône, elles seraient exposées au danger de se perdre dans la dépravation. N'est-il pas beau et consolant de voir d'humbles religieuses se donner la mission de les recueillir, de les instruire et de leur apprendre un état ?

La *Providence de la Reine* prend la jeune fille à 6 ans, et ne la rend à la société que lorsqu'elle a atteint sa vingtième année.

A 20 ans, quand ces jeunes ouvrières ne rentrent pas dans leur famille, on leur cherche une position où elles n'aient rien à perdre des conseils, des leçons et des habitudes qu'elles ont reçues.

L'Œuvre se soutient par le travail des orphe-

---

(1) *Reine Françon et la Providence de la Reine à Saint-Etienne*, par J.-M. CHAUSSE, 1872.

lines et par des dons et des offrandes volontaires.

Depuis le 1ᵉʳ novembre 1821 jusqu'au 11
janvier 1872, 801 jeunes filles avaient été adop-
tées par la *Providence de la Reine*.

XXIII

PROVIDENCE SAINTE-MARIE

Rue de la Providence.

FILLES

La Providence Sainte-Marie a été fondée à
Saint-Etienne en 1812. La maison actuelle date
de 1822 ; elle est dirigée par les Religieuses de
Saint-Joseph.

On reçoit les orphelines pauvres de la paroisse Sainte-Marie et aussi celles de la ville et
d'ailleurs quand il y a des places vacantes. On
garde les enfants jusqu'à 21 ans.

Le nombre de lits est de 75.

300 fr. d'entrée et un trousseau.

XXIV

PROVIDENCE DE NOTRE-DAME

Rue de l'Heurton, 11, ou Cours de l'Hôpital, 10.

FILLES

Fondée, vers 1854, par M. DELPHIN, curé-archiprêtre de Notre-Dame et pro-vicaire de Son Eminence à Saint-Etienne, cette Providence est dirigée par les Sœurs Saint-Charles.

On reçoit les enfants orphelines ou délaissées de la paroisse depuis l'âge de 3 ans jusqu'à 12 ans. Elles sortent à l'âge de 21 ans. On exige un engagement écrit des parents ou protecteurs.

Instruction primaire. — Travaux d'aiguille. — Musique vocale. — Soins du ménage.

Admission gratuite.

XXV

PROVIDENCE DE MONTAUD

Rue d'Isly (Crêt de Montaud).

FILLES

Cette Providence a été fondée par M. l'abbé FÉLIX, premier curé de la paroisse de Montaud.

Elle est dirigée, depuis l'origine, par Mlle MUTUON.

On admet les enfants orphelines de la paroisse et d'ailleurs. On les reçoit depuis l'âge de trois ans et jusqu'à douze ans. Les parents ou protecteurs doivent donner un engagement écrit de laisser les orphelines jusqu'à leur vingt-et-unième année.

Instruction primaire et travaux manuels.

200 fr. d'entrée, une fois payés, et un trousseau.

Pour les admissions s'adresser à M. le curé de Montaud ou à Mlle MUTUON.

XXVI

ŒUVRE DE L'ADOPTION

(Voir à la page 88).

XXVII

ORPHELINATS HORS SAINT-ETIENNE

1° POUR LES GARÇONS

ORPHELINAT DE GARÇONS

(A Auxerre Yonne).

Dirigé par les Petites-Sœurs de Jésus Franciscaines.

Les orphelins sont reçus de 3 à 5 ans, placés vers 14 ans et surveillés jusqu'à 18 ans.

Gratuit. — 100 fr. d'entrée et un trousseau.

ORPHELINAT SAINT-JOSEPH

A Bapaume (Pas-de-Calais).

Dirigé par les Frères de Saint-François-d'Assise.

200 fr. par an jusqu'à 16 ans; 30 fr. d'entrée et un trousseau. L'entretien et le blanchissage sont à la charge des parents.

Les enfants sont reçus depuis 9 ans au moins jusqu'à 15 ans au plus

ORPHELINAT DE GARÇONS

A Beaupont, par Coligny (Ain).

Dirigé par les Petites-Sœurs de Jésus Franciscaines.

Les orphelins sont reçus dès l'âge de 3 ans et restent jusqu'à leur première Communion.

Gratuit. — 100 francs d'entrée et un trousseau.

ORPHELINAT DE LA SAINTE-FAMILLE

A Bléville, par le Havre (Seine-Inférieure)

Dirigé par les Religieuses Franciscaines.

On reçoit les garçons depuis l'âge de 3 ans et on les garde jusqu'à 12 ans.

250 fr. par an; 5o fr. d'entrée.

Travaux de jardinage.

ORPHELINAT AGRICOLE
A la Bousselaye-en-Rieux, par Allaire (Morbihan).

Dirigé par les Frères de Saint-François-d'Assise. La Maison-Mère est à Saint-Genis-de-Saintonge (Charente-Inférieure).

Les garçons sont reçus à 10 ans et sortent à 20.

200 à 250 fr. par an; 5o fr. d'entrée.

Instruction primaire. — Travaux agricoles de tous genres et exploitation d'un moulin.

ORPHELINAT DE GARÇONS
A Caen (Calvados).

Dirigé par M. l'abbé LEVENEUR.

Les enfants sont reçus de 6 à 13 ans et restent jusqu'à 21 ans.

3oo fr. par an.

Classes. — Ateliers industriels.

ORPHELINAT AGRICOLE DE SAINT-SAUVEUR
A Cellule, par Riom (Puy-de-Dôme).

Dirigé par les Pères du Saint-Esprit et du Saint-Cœur de Marie.

Les garçons sont reçus dès l'âge de 7 ans et sortent à 20 ans.

250 fr. par an. — Trousseau à fournir.

Classes. — Agriculture. — Menuiserie, forge, etc.

Cet orphelinat peu nombreux est annexé à un petit séminaire important.

ORPHELINAT AGRICOLE

A Courbeyrac, par Gensac (Gironde).

Dirigé par les Frères de Marie.

Les garçons sont reçus à l'âge de 8 ans et peuvent rester jusqu'à 21 ans.

Instruction primaire. — Agriculture. — Viticulture. — Atelier de tailleur.

80 hectares sont cultivés par les Frères et les orphelins qui sont pour la plupart Alsaciens-Lorrains.

240 fr. par an jusqu'à 15 ans révolus ; 50 fr. d'entrée.

ORPHELINAT DE COURBESSAC

A Courbessac, par Nîmes (Gard).

Dirigé par les Sœurs de Saint-Joseph d'Aubenas.

Les garçons sont reçus dès l'âge de 4 ans et restent jusqu'à 14 ou 15 ans.

Classes. — Soins du ménage. — Travaux agricoles.

200 fr. par an (les mois payés à l'avance).

Quelques places sont gratuites.

ORPHELINAT AGRICOLE

A Douvaine (Haute-Savoie).

Dirigé par les Sœurs de Saint-Vincent-de-Paul de la Roche.

Les garçons sont reçus de 6 à 12 ans et gardés jusqu'à 16 ans.

20 fr. par mois ; 50 fr. d'entrée.

Instruction primaire. — Travaux agricoles. — Le latin est enseigné aux enfants qui paraissent avoir des dispositions pour l'état ecclésiastique.

ORPHELINAT AGRICOLE

A la Ducherais-en-Campbon (Loire-Inférieure).

Fondé par Mgr l'Evêque de Nantes, en 1874, dans les bâtiments d'un ancien collége.

Dirigé par M. l'abbé DABIN, avec l'aide des Sœurs de Notre-Dame de Bethléem.

Les garçons sont reçus de 4 à 12 ans et peuvent rester jusqu'à 20 ans.

200 fr. par an jusqu'à 15 ans ; 50 fr. d'entrée.

Instruction primaire. — Travaux agricoles. — Elevage des bestiaux.

ORPHELINAT DE NOTRE-DAME DU SACRÉ-CŒUR

A Giel, par Putanges (Orne).

Dirigé par des ecclésiastiques, sous le patronage de Mgr l'Evêque de Sées.

Les garçons sont reçus de 8 à 9 ans et restent jusqu'à 21 ans.

300 fr. par an.

Classes. — Agriculture et industrie.

ORPHELINAT AGRICOLE ET INDUSTRIEL

A Gradignan (Gironde).

Dirigé par l'abbé MOREAU.

Les garçons sont reçus de 7 à 10 ans.

15 fr. par mois ; 50 fr. d'entrée.

Agriculture. — Viticulture. — Ateliers pour divers états.

ORPHELINAT AGRICOLE DE NOTRE-DAME-DU-CANTAL

A la Forêt, par Montsalvy (Cantal).

Fondé et dirigé par M. l'abbé SARRAUSTE.

Les garçons sont reçus de 3 à 10 ou 12 ans, ils sont ensuite placés chez des cultivateurs sous la surveillance de l'Œuvre, qui s'en occupe jusqu'à 21 ans.

Instruction élémentaire. — Agriculture. — Horticulture. — Charronnage, etc.

10 ou 15 fr. par mois. — Un trousseau.

ORPHELINAT AGRICOLE DE SAINT-FRANÇOIS-RÉGIS

A la Roche-Arnaud, près le Puy (Haute-Loire).

Dirigé par les Frères de Saint-François-Régis.

Les garçons, pour être admis, ne doivent pas avoir moins de 9 ans ni plus de 12 ans accomplis ; ils doivent rester jusqu'à 19 ans. (Engagement par écrit).

200 à 250 fr. par an ; 60 fr. pour le trousseau ou fourni en nature.

Instruction primaire. — Travaux manuels. — Exploitation agricole.

ORPHELINAT AGRICOLE DE SAINT-JOSEPH

A Valence (Drôme).

Sous la direction de M. l'abbé NADAL, avec le concours des Religieuses du Saint-Sacrement.

Fondé en 1852 par M. l'abbé BELLE.

Les enfants légitimes, orphelins de père et de mère, ou ayant encore leur père et leur mère, sont admis dès l'âge de 8 ans,

Instruction primaire. — Agriculture. — Jardinage. — 13 hectares cultivés par les enfants.

20 fr. par mois ; réduction de prix pour les enfants du département.

ORPHELINAT AGRICOLE DE NOTRE-DAME-DES-TREIZE-PIERRES

A Villefranche (Aveyron).

Dirigé par les Frères de Saint-Viateur.

Les garçons sont reçus de 8 à 12 ans et restent jusqu'à 19 ans.

Instruction primaire. — Agriculture. — Horticulture. — Tissage pour toile ordinaire.

180 fr. jusqu'à 16 ans révolus. — 120 fr. d'entrée et un trousseau complet.

LISTE D'AUTRES ORPHELINATS ET COLONIES AGRICOLES DE LA FRANCE

1° POUR LES GARÇONS

Orphelinat d'Aulnay-les-Rondy, par *Le Bourget* (Seine).

Orphelinat Saint-Joseph, *au Bourget* (Seine).

Orphelinat des Sœurs de Saint-Vincent-de-Paul, *à Chambéry* (Savoie).

Orphelinat des Sœurs de Saint-Vincent-de-Paul, *à Caen, rue de Bayeux, 69* (Calvados).

Orphelinat de garçons, *à Chevilly, par Bourg-la-Reine* (Seine).

Orphelinat de Cerfroid, *à Cerfroid, par Gandelu* (Aisne).

Orphelinat agricole, *à Elancourt, par Trappes* (Seine-et-Oise).

Orphelinat agricole, *à Kerhars, par Sarzeau* (Morbihan).

Orphelinat de Notre-Dame de Lérins, *à Lérins, par Cannes* (Alpes-Maritimes).

Orphelinat agricole de Saint-Hilaire, *à Luché-Thouarsais, par Saint-Varent* (Deux-Sèvres).

Orphelinat agricole, *à Laumay, par Saint-Méen* (Ille-et-Vilaine).

Orphelinat Napoléon, *à Ligny-en-Barrois* (Meuse).

Orphelinat agricole de Notre-Dame-des-Champs, *aux Matelles* (Hérault).

Orphelinat agricole et industriel, *à Mesnières-en-Bray, par Neufchâtel* (Seine-Inférieure).

Orphelinat de Saint-Pavin-des-Champs, *au Mans* (Sarthe).

Orphelinat de Saint-Michel, *à Morangis, par Longjumeau* (Seine-et-Oise).

ORPHELINAT HORS SAINT-ÉTIENNE

2° POUR LES FILLES

ORPHELINAT DE NOTRE-DAME-DES-ANGES

Rue de l'Evière, 2, à Angers (Maine-et-Loire).

Dirigé par les Sœurs de Sainte-Marie-des-Anges.

Les enfants sont reçues gratuitement depuis l'âge de 5 ans et restent jusqu'à 21 ans.

Literie et trousseau à fournir et une petite somme quand cela est possible pour les frais d'entrée.

ORPHELINAT DE BEAUREPAIRE

Beaurepaire (Saône-et-Loire).

Dirigé par les Sœurs de Saint-Vincent-de-Paul.

Les jeunes filles sont reçues à 4 ou 5 ans, au

prix de 200 fr. par an ou 150 fr. jusqu'à 14 ans si l'on s'engage à les laisser jusqu'à 21 ans.

A leur sortie, à 21 ans, on leur donne un trousseau.

ORPHELINAT

A Bonnay, par Saint-Gengoux (Saône-et-Loire).

Dirigé par les Sœurs.

Les jeunes filles sont reçues vers 11 ou 12 ans.

200 fr. par an au-dessous de 11 ans ; 150 fr. au-dessus de 11 ans, lorsque les parents s'engagent à les laisser jusqu'à 21 ans, sauf à payer une indemnité de 300 fr. s'ils les retirent avant cet âge.

Lorsqu'il n'y a pas de conditions pour la sortie, la pension est de 200 fr. par an.

Trousseau et literie à fournir.

Instruction primaire. — Lingerie. — Soins du ménage.

ORPHELINAT AGRICOLE

A Ecutigny, par Bligny-sur-Ouche (Côte-d'Or).

Dirigé par les Religieuses de la Providence de Langres.

Les jeunes filles sont reçues à 3 ou 4 ans et restent jusqu'à 21 ans.

Instruction primaire. — Couture. — Soins du ménage, du jardin, du bétail. — Travaux agricoles.

15 fr. par mois ; 50 fr. d'entrée ou un trousseau.

ORPHELINAT

Rue Mathieu, à Mâcon (Saône-et-Loire).

Dirigé par les Dames de Saint-Charles.

Les jeunes filles sont reçues de 7 à 12 ans ; elles sortent à 18 ans accomplis. L'Orphelinat est spécialement pour les jeunes filles du pays ; cependant, on peut en recevoir aussi du dehors.

150 fr. par an ; un trousseau.

Instruction primaire. — Couture. — Soins du ménage. — Blanchissage.

ORPHELINAT

A Saint-Sorlin, par Mornant (Rhône).

Dirigé par les Petites Sœurs de Jésus Franciscaines (maison mère).

Pour les orphelines ou enfants abandonnées de 3 à 7 ans. A 15 ans, elles vont en apprentissage et restent sous le patronage des Sœurs jusqu'à 21 ans.

Admission gratuite ; 100 fr. d'entrée et un trousseau à fournir.

Instruction. — Soins du ménage. — Couture.

Orphelinats du même ordre à Veyre, Beaupont, Auxerre, Aromas.

ORPHELINAT AGRICOLE
A Séderon (Drôme).

Dirigé par les Sœurs Franciscaines.
200 fr. par an ; 50 fr. d'entrée.

ORPHELINAT DU SACRÉ-CŒUR-DE-JÉSUS
Rue de la Chaume, à Vichy (Allier).

Dirigé par les Religieuses Franciscaines de la Régulière-Observance.

Les jeunes filles sont reçues depuis l'âge de 3 ans et restent jusqu'à 18 ans.

Instruction primaire. — Couture. — Repassage. — Soins du ménage.

200 fr. par an ; 25 fr. d'entrée.

Il y a dans la maison un pensionnat et un externat.

LISTES D'AUTRES ORPHELINATS ET PROVIDENCES
POUR LES FILLES.

Orphelinat de Notre-Dame du Sacré-Cœur, *boulevard Héloïse, 2, à Argenteuil* (Seine-et-Oise).

Orphelinat agricole, *à Bézouotte, par Mirebeau-sur-Bèze* (Côte-d'Or).

Orphelinat des Sœurs de Saint-Vincent-de-Paul, *rue de Bayeux, 6, à Caen* (Calvados).

Orphelinat de Nazareth, *à la Rue, rue de Fresnes, 24, Chevilly, par Bourg-la-Reine* (Seine).

Orphelinat de la Providence, *Condes, par Chaumont* (Haute-Marne).

Orphelinat du Cœur-Immaculé-de-Marie, *à Courcelles-sur-Aujon, par Saint-Loup,* (Haute-Marne).

Orphelinat, *à Crèvecœur* (Nord).

Asile Saint-Domnin, *à Digne* (Basses-Alpes).

Asile de Notre-Dame-de-Bon-Espoir, *à Fragnes-la-Loyère, par Châlons-sur-Saône,* (Saône-et-Loire).

Orphelinat agricole, *à Haroué* (Meurthe-et-Moselle).

Orphelinat agricole, *Huisseau-en-Beauce, par Saint-Amand-de-Vendôme* (Loir-et-Cher).

Orphelinat de Notre-Dame-de-Bon-Secours, *à Montpellier* (Hérault).

Orphelinat, *à Précigné* (Sarthe).

Maison des Sœurs de Saint-Vincent-de-Paul, *à Royan* (Charente-Inférieure).

Asile Saint-Joseph, *à Saint-Macaire* (Gironde).

Orphelinat du berceau de Saint-Vincent-de-Paul, *à Saint-Vincent-de-Paul, près Dax* (Landes).

Orphelinat industriel, *à Tarare* (Rhône), maison MARTIN.

XXVIII

PATRONAGE DE SAINT-VINCENT-DE-PAUL

Au Treuil.

Cette Œuvre, fondée par M. Rondel, aidé par plusieurs personnes généreusement dévouées au bien, existe depuis plus de douze ans.

Son but est d'offrir chaque soir et surtout chaque dimanche un asile aux enfants ou apprentis pauvres de la ville. Outre des divertissements variés et appropriés à leur âge, ils y trouvent, sous la direction d'hommes aussi capables que dévoués, une instruction solide et ces principes religieux et moraux si propres à développer leur intelligence et à les former au vertus qui font le chrétien et le bon Français.

Pour atteindre plus sûrement son but moralisateur, le Patronage se recrute parmi les enfants pauvres des écoles chrétiennes.

Chaque dimanche, en séance publique à laquelle sont admis les parents, les enfants des écoles chrétiennes de la ville reçoivent des bons en échange des bonnes notes qu'ils ont obtenues pendant la semaine pour leur assiduité aux classes, leur travail et leur conduite. Ces bons leur donnent droit à des objets classiques ou de vestiaire qui leur sont distribués gratuitement par l'Œuvre.

Par cette sanction hebdomadaire, la tâche des parents et des maîtres est rendue plus facile ; l'enfant retiré de la rue, s'affectionne au Patronage, en prend l'esprit et se plie plus facilement aux exigences du règlement du cercle des apprentis, lorsque son âge lui permet d'y être introduit.

Actuellement deux cents apprentis bien disposés fréquentent assidûment le Patronage.

Chaque soir sous la direction de douze professeurs ils suivent, selon leur capacité, les cours de lecture, d'écriture, de grammaire, d'arithmétique, de tenue des livres, d'histoire, de géographie et de dessin.

Une Société chorale et instrumentale leur permet de joindre l'agréable à l'utile et contribue à rehausser l'éclat des fêtes du Patronage.

Un aumônier exclusivement attaché à l'Œuvre, dessert la chapelle de l'établissement. C'est là que l'apprenti trouve la source de toutes ses joies, puisqu'il y apprend, en effet, le respect de l'autorité, l'amour du devoir, le moyen d'être heureux dans sa modeste condition. C'est là enfin qu'il trouve la sérénité de l'esprit et la paix de l'âme, principe et couronnement de ses joies les plus vraies et les plus douces. Aussi, cette chère jeunesse est-elle sincèrement attachée à l'Œuvre, devenue sa seconde famille, aime-t-elle à lui consacrer ses loisirs de la semaine et son dimanche tout entier.

Les annuités de 20 fr. et celles inférieures à cette somme sont reçues avec reconnaissance.

DAMES PATRONESSES

Présidente : Mme DAVID.
Vice-Présidente : Mme COIGNET.
Secrétaire : Mme BUHET (Fleury).

XXIX

ŒUVRE DE LA JEUNESSE OUVRIÈRE

Rue Saint-Michel, 13.

L'Œuvre de la Jeunesse ouvrière, fondée rue Saint-Michel, 13, par M. l'abbé Monnier, il y a 15 ans, exerce son action sur plus de 300 jeunes gens apprentis ou ouvriers. Elle cherche à en faire des hommes moraux, habiles dans leur profession et amis de l'ordre.

Avant tout, elle s'efforce de les éloigner des mauvaises occasions en leur procurant tous les moyens de se reposer et de se distraire honnêtement. Elle vulgarise et met à leur portée l'habitude de l'économie par une caisse d'épargne, elle complète leur instruction primaire par des cours du soir, et veille à leur éducation professionnelle par de bons (placements, des visites chez leurs patrons dont elle seconde l'action.

Par un ensemble de moyens appopriés à leur position, elle exerce sur toute leur existence une surveillance qui les défend contre le mal et les soutient dans le bien.

Cette Œuvre répond à un des besoins les plus pressants de notre société actuelle où l'enfant, lancé de bonne heure dans le tourbillon de la vie, absorbé par les nécessités matérielles, se trouve souvent abandonné à lui-même et à ses mauvais instincts, à cette heure où un appui lui est indispensable.

L'Œuvre est faite pour les apprentis qui viennent y compléter, en sortant de l'atelier, l'instruction primaire et religieuse qui leur manquent, y respirer une atmosphère plus saine et plus morale que celle de l'atelier.

Ils trouvent au Patronage des récréations attrayantes, ils y contractent des amitiés qui les suivent dans la vie, et ils y reçoivent avec bonheur les conseils de maîtres dévoués et prudents, en un mot, c'est là qu'ils apprennent à devenir de bons ouvriers. en attendant qu'ils deviennent de bons chefs d'ateliers, de bons pères de famille et de bons citoyens. C'est là le complément de la famille.

Les père et mère sont heureux et rassurés à la fois de savoir leurs enfants sous son toit hospitalier, qui à certains jours devient aussi le leur, lorsque le Patronage donne ses grandes fêtes militaires ou ses séances dramatiques. C'est l'Œuvre populaire par excellence ; cet esprit moralisateur et patriotique qui a été donné par M. l'abbé Monnier, est continué avec succès par ses dignes et zélés successeurs, et entre leurs mains l'Œuvre ne périclitera pas, l'affection des jeunes gens en est l'inébranlable fondement.

S'adresser pour les dons et les renseignements à M. le directeur de l'Œuvre, rue Saint-Michel, 13.

XXX

PATRONAGE DES JEUNES OUVRIÈRES

Rue du Coin, 14.

Il existe, rue du Coin, 14, un Patronage pour les jeunes ouvrières de Saint-Etienne.

Ce Patronage remonte à l'hiver 1870-1871. Il a pour but : 1° de placer les jeunes filles, après leur première communion, dans les ateliers et magasins qui offrent les meilleures garanties de sûreté morale et religieuse ; 2° de les faire visiter et surveiller, afin de les prémunir contre les dangers qu'elles pourraient rencontrer, soit dans les ateliers ou les magasins, soit ailleurs ; 3° de les réunir les dimanches et fêtes pour l'accomplissement de leurs devoirs religieux, le complément de leur instruction et le délassement des travaux de la semaine.

Ce Patronage est sous la direction d'un ecclésiastique et d'un Comité de dames et de demoiselles.

220 jeunes ouvrières au moins fréquentent ce Patronage.

Pour être reçue, une jeune fille doit avoir fait sa première communion et être présentée par ses parents ou par une personne recommandable. Elle n'est définitivement admise qu'après une épreuve de 3 mois.

L'Œuvre se soutient par des annuités depuis 5 fr., par une loterie annuelle et par les dons généreux de quelques bienfaiteurs.

Présidente : Mlle A. MURGUE, rue du Coin, 14.

Trésorière : Mlle A. BAYON.

Secrétaires : Mlles J. PASTEUR et DE LAGARDE.

XXXI

PATRONAGE DE JEUNES FILLES

Cours de l'Hôpital, 3.

Dirigé par les Sœurs de Saint-Vincent-de-Paul.

XXXII

BUREAU DE PLACEMENT POUR LES DOMESTIQUES

Rue de la Bourse, 27, au 3me.

Ce Bureau a été fondé, il y a 23 ans, pour recevoir un certain nombre de domestiques (filles) sans place et pour leur procurer un emploi auprès de maîtres chrétiens.

Directrice : Mlle CHAPOT.

XXXIII

CONGRÉGATION DES SERVANTES

CHAPELLE DES RR. PP. JÉSUITES.

Rue Saint-Michel.

Cette Association, qui existe à Saint-Etienne depuis de nombreuses années, a pour but d'offrir aux personnes en service les moyens de pratiquer avec plus de fidélité les devoirs de la vie chrétienne.

Des exercices religieux établis exprès pour elles leur facilitent l'accomplissement des devoirs de piété.

Les congréganistes s'encouragent à la vertu et peuvent se rendre entre elles de nombreux services.

Pour être admis congréganiste, il faut jouir d'une réputation intacte sur la probité, les mœurs et la pratique des devoirs religieux.

Les personnes en service, qui veulent faire partie de cette pieuse Association, doivent présenter des lettres de recommandation du curé de leur paroisse, des maîtres qu'elles ont servis ou de personnes honorables ou bien être présentées par des congréganistes qui les connaissent.

Pour tous les renseignements et les demandes d'admission, s'adresser au R. P. directeur
de l'Association.

XXXIV

BUREAU DE BIENFAISANCE

Cours de l'Hôpital, 3.

L'organisation des Bureaux de bienfaisance
date de 1830. Celui de Saint-Etienne est établi
cours de l'Hôpital, 3.

Il distribue des secours à domicile dans les
divers quartiers de la ville.

Placé sous la direction du Préfet, il est administré par une commission composée du Maire
et de six membres renouvelables. Deux des
membres sont élus par le Conseil municipal.
Les quatre autres sont nommés par le Préfet.
(Loi de 1879).

Les administrateurs du Bureau de bienfaisance de Saint-Etienne sont actuellement (1879) :

MM. le Maire, *président*;

CASTEL (Charles-Emile,) ingénieur en
chef des mines;

FABREGUETTES (Fulcrand - Louis - Jules),
docteur en médecine;

MOYSE (Etienne-Nicolas), notaire;

MM. VALENTIN (Ferdinand), représentant de
commerce ;

GRAND, conseiller municipal ;

VIAL, conseiller municipal ;

SYVETON, *receveur*, rue du Lycée, 1.

Le bureau du receveur est à l'Hospice de la
Charité, rue Valbenoîte, 40.

Les Filles de la Charité de Saint-Vincent-de-
Paul, depuis l'année 1833, sont chargées de venir en aide aux administrateurs pour la visite
des pauvres et la répartition des secours.

Le médecin désigné par le bureau est : M.
MAURICE, docteur, rue de la Croix, 9.

Deux fois par semaine, le *lundi* et le *vendredi*, de 9 heures à 10 heures, des consultations et des soins gratuits sont accordés aux
indigents, au Bureau, cours de l'Hôpital, 3.
Les enfants sont vaccinés gratuitement. Un médecin, dans chaque quartier, est désigné pour
visiter les indigents à domicile.

Le chirurgien-dentiste désigné par le Bureau
est M. MAGDINIER, dentiste, place du Peuple, 41.

Des sages-femmes, à la demande du Bureau,
prêtent leur ministère aux indigents qui le ré-
clament.

« La ville est divisée par quartier ; chaque quartier est visité par une sœur de la maison. Elle
voit à domicile les indigents qui lui sont signa-

lés ou qui sont déjà inscrits ; elle remet les secours qui leur sont alloués.

L'Administration tient ses séances tous les 15 jours.

La maison du cours de l'Hôpital est affectée à la distribution des secours, aux consultations gratuites, à la pharmacie, au dépôt de linge, vêtements, etc.

Dans le Bureau est ouvert un livre sur lequel sont inscrits tous les indigents secourus.

Nul ne peut être inscrit au rôle des indigents s'il ne réside pas depuis un an révolu à Saint-Etienne.

Les familles secourues doivent envoyer leurs enfants à l'école et prouver qu'ils ont été vaccinés.

Sont admis aux secours : les ouvriers sans travail pendant le temps du chômage, de la maladie ; les infirmes, les vieillards, etc.

Les actes de l'état-civil doivent être produits à l'appui des demandes, et les infirmités doivent être constatées par le médecin attaché au Bureau.

Nul indigent n'est admis que sur la délibération du Bureau.

Les demandes d'admission et les réclamations de tous genres doivent être adressées au Bureau.

- Les secours en nature consistent en pain,

denrée, vêtements, combustibles et médicaments.

L'inscription au Bureau de bienfaisance donne droit, moyennant un certificat délivré au Bureau : 1° à la remise gratuite de bandages, béquilles, et généralement de tous les appareils nécessaires à leurs infirmités ; 2° à la délivrance gratuite par la Préfecture de passeports avec secours de route ; 3° à l'autorisation du commissaire de police pour brocanter et vendre dans les rues ; 4° à la remise ou diminution des impôts et patentes ; 5° à l'exemption des droits d'enregistrement et de succession ; 6° à la délivrance, dans certains cas, des effets d'un parent décédé dans un hospice ; 7° à l'inhumation gratuite ; 8° à la délivrance gratuite des actes de l'état-civil.

Les ressources du Bureau de bienfaisance consistent : 1° dans une somme variable accordée par le Conseil municipal ; 2° dans les legs et donations ; 3° dans le produit de la quête annuelle faite dans chaque paroisse de Saint-Etienne avec le concours du clergé et des dames de la ville.

Le Bureau de bienfaisance élève quelques enfants des deux sexes, orphelins abandonnés ou dans des situations particulières. Les garçons sont admis à l'Annexe du Bureau, rue de l'Hôpital, 4, les filles cours de l'Hôpital, 3, et les plus jeunes enfants, à Valbenoîte, quartier du Rey, maison Valadier.

XXXV

SOCIÉTÉ DE SAINT-VINCENT-DE-PAUL

Secrétariat : Rue de la Bourse, 14.

La Société de Saint-Vincent-de-Paul a été fondée en 1833 par des jeunes gens chrétiens qui, pour sauvegarder l'intégrité de leur foi et la pureté de leurs mœurs, se réunirent dans la pratique de la charité envers les pauvres. Elle a à la fois pour but la sanctification de ses membres et le soulagement des misères spirituelles et temporelles des malheureux.

Aucune œuvre de charité ne lui est étrangère, mais son œuvre principale est la visite à domicile. Chacun de ses membres adopte un certain nombre de familles pauvres et va régulièrement chaque semaine leur porter des secours en pain, viande, charbon, etc. Il veille à ce que les enfants aillent au catéchisme et à l'école, cherche à placer les apprentis, à procurer du travail aux ouvriers et à les faire profiter de toutes les ressources que la charité met à sa disposition.

La Société se divise en *Conférences*, qui sont établies dans un grand nombre de paroisses de

France, dans les deux mondes, et dans la ville de Saint-Etienne.

La principale ressource de la caisse est la quête faite dans les réunions de la Conférence. La Société a recours aussi aux sermons de charité, à une loterie, à des souscriptions.

S'adresser au Président ou au Vice-président des Conférences.

Président honoraire : M. A. GERIN, à Veauche (Loire).

Président : M. A. RONDEL, au Treuil.

Vice-président : M. MERLLIÉ, rue des Jardins, 11.

Secrétaire : M. CULTY, rue Brossard, 8.

XXXVI

ŒUVRE DES DAMES DE CHARITÉ OU DE MISÉRICORDE

Dans les paroisses.

Dans plusieurs paroisses de la ville, il existe une Association de dames de charité, présidée par M. le Curé.

Les dames visitent les pauvres de la paroisse, leur distribuent les aumônes recueillies dans l'église ou remises à M. le Curé et remplissent envers eux tous les devoirs de protection ou de charité.

Elles se réunissent périodiquement pour prononcer sur l'admission des pauvres aux secours de l'Association et sur la répartition des secours.

Toute demande de secours doit être adressée à M. le Curé de la paroisse.

Il se fait tous les ans dans chaque église des quêtes dont le produit est distribué par les dames de charité.

Paroisse de Saint-Etienne :

Présidente : Mme Bréchignac.

XXXVII

SŒURS GARDE-MALADES

1° Sœurs de l'Espérance, rue des Deux-Amis, 26.
2° Sœurs du Tiers-Ordre de Saint-Dominique, rue du Palais-de-Justice, 1.

1°

ŒUVRE DES DAMES DE LA SAINTE-FAMILLE DE BORDEAUX

Maison des Sœurs de l'Espérance,
Rue des Deux-Amis, 26.

Cette Œuvre a pour but le soin à domicile des malades riches et pauvres. Elle s'étend à toute la ville et à la banlieue.

Elle reçoit quelques malades pensionnaires.

Pour obtenir des Sœurs garde-malades, s'adresser à Mme la Supérieure, rue des Deux-Amis, 26.

2°

SŒURS DU TIERS-ORDRE DE SAINT-DOMINIQUE.

Rue du Palais-de-Justice, 1.

Ces religieuses gardent les malades de la ville et de la banlieue.

Pour obtenir une religieuse garde-malade, s'adresser à Mme la Supérieure.

XXXVIII

ŒUVRE DES HOSPITALIERS-VEILLEURS

Directeur : M. l'abbé Courbioux, rue Valbenoîte, 40.

Cette Œuvre a été fondée dans plusieurs paroisses de Saint-Étienne. Aujourd'hui il n'existe plus qu'une Association d'Hospitaliers-Veilleurs pour toute la ville. Elle se compose de jeunes gens et d'hommes mariés de toutes les conditions, appartenant aux paroisses urbaines. Les uns sont admis comme Membres actifs pour travailler aux œuvres de la Société, les

autres comme Membres honoraires pour fournir les ressources nécessaires au but de l'Œuvre.

Cette Association a pour but de remplir les
œuvres de miséricordes spirituelles et corporel-
les. Elle embrasse principalement quatre sortes
d'œuvres :

1° Elle veille les malades pauvres ;

2° Elle les visite et leur porte les secours
nécessaires dans leurs maladies ;

3° Elle rase les malades de l'Hôpital et les
vieillards de l'Etablissement des Petites-Sœurs
des pauvres ;

4° Elle catéchise les jeunes gens que le travail
empêche d'assister aux catéchismes de la paroisse pour les préparer à leur première Communion.

Les Membres honoraires se composent de
toutes les personnes charitables qui veulent
bien donner une cotisation annuelle de 5 fr.,
destinée au soulagement des malades et aux
diverses œuvres de la Société. Toute personne
qui contribue à l'Œuvre par des dons, en nature ou en argent, est inscrite au nombre de ses
bienfaiteurs ou bienfaitrices.

L'Œuvre tient, à l'Hôtel-Dieu, son assemblée
générale le premier dimanche de chaque mois.

Membres du Comité :

Président : M. A. GERIN, à Veauche (Loire).

Directeur : M. l'abbé COURDIOUX, aumônier de la Charité.

Secrétaire : M. P.-M. MAISSE, rue Benoît, 1.

Trésorier : M. NIVON, rue Valbenoîte, 1.

Pour obtenir des veilleurs, s'adresser à M. le Directeur.

XXXIX

ŒUVRE DES VEILLEUSES

Dans les Paroisses.

Cette charitable Association est établie dans plusieurs paroisses de la ville. Elle a pour but de veiller les malades pauvres.

Elle est composée de jeunes personnes et de femmes mariées.

Les Membres de cette Association sont actifs ou honoraires.

Les Veilleuses actives sont celles qui passent elles-mêmes la nuit, à leur tour et rang, auprès des malades.

Nulle ne peut être reçue comme Veilleuse active, si elle ne jouit d'une bonne santé, si elle n'est pas âgée de 20 ans, si elle n'est d'une condition indépendante et assez maîtresse de son temps pour le consacrer à veiller les malades, enfin, si elle ne donne des garanties suffisantes de moralité et de pratique de la religion catholique.

Les Veilleuses honoraires sont celles qui visitent les malades pendant le jour ou qui, du moins, participent à l'Œuvre par leurs aumônes et par leurs prières. L'annuel est de 5 fr, au minimum.

Pour obtenir des Veilleuses, s'adresser au clergé des paroisses.

XL

HÔTEL-DIEU

(500 lits).

Rue des Moines, 1.

Historique. — Une confrérie avait établi autrefois, et desservait elle-même, dans l'ancienne cité, entre l'église et la rue de la Ville, un petit Hôtel-Dieu où étaient seulement quelques lits.

Vers 1640, ce modeste hôpital venait d'être transféré dans une chétive maison sur le pré de la Foire.

La ville avait pris un accroissement considé-

rable et cette fondation charitable n'était plus
en proportion avec les besoins.

D'ailleurs, la peste, qui avait tant fait de ra-
vages à Saint-Etienne en 1629, reparut en
ville au commencement de cette même année
1640. Elle raviva de douloureux souvenirs et
occasionna une panique générale.

Un excellent prêtre, M. Toizac, était alors
curé de la ville. Pieux, charitable et courageux,
dès que la peste eût de nouveau envahi sa paroisse, il chercha à remédier à cet état de choses.

A cet époque, vivait à Saint-Etienne Jeanne
Roussier (1), veuve de Jacques Bardonnanche
(2); mère de deux filles religieuses au couvent
de Sainte-Catherine de Sienne à Saint-Etienne
et d'un fils qui devint prêtre de la Congrégation
de l'Oratoire, à laquelle appartenait aussi le
curé Toizac, elle prit elle-même le voile dans le
couvent où ses filles l'avaient précédée, et elle
employa sa fortune en bonnes œuvres. Sous

---

(1) Elle était sœur d'Antoine Roussier, zélé missionnaire
dans nos provinces et auteur de plusieurs livres de piété —
et de Noël Roussier, procureur du roi en l'élection de Saint-
Etienne, conseiller et contrôleur de ses finances en la géné-
ralité de Lyon, dont la fille épousa, en 1645, M. Jean Palluat de Besset, premier échevin nommé à Saint-Etienne. —
(*Notice biographique stéphanoise*, par M. DESCREUX.

(2) Famille originaire de la Tour-en-Jarret, où leur ancien domaine porte encore leur nom. Claude Bardonnanche
était prévôt de la Tour à la fin du XVIe siècle.

l'inspiration du bon curé et par contrat passé en sa présence, le 27 avril 1640, devant Me Dupléncy, notaire, elle fit don aux pauvres de Saint-Etienne d'une somme de 9,000 livres, pour être employée, *suivant les avis du curé Toizac*, à la construction d'un nouvel Hôtel-Dieu. Cette somme que la donatrice augmenta ensuite et à laquelle vinrent se joindre d'autres libéralités, fut la première consacrée à notre hôpital actuel dont la fondation remonte ainsi au curé Toizac (1).

Nous avons puisé ces renseignements historiques dans l'excellente brochure publiée en 1868, par M. C.-P. Testenoire-Lafayette, et intitulée : *Souvenirs du Vieux Saint-Etienne : Ancienne sépulture sous la chapelle de Notre-Dame de Consolation, à la Montat.*

Administration. — Cet établissement est

---

(1) On voit encore dans la chapelle de l'Hôtel-Dieu l'inscription suivante, gravée en lettres d'or sur une pierre de grès encastrée dans le mur septentrionnal :

« Les années 1645 et 1646, cest oratoire et maison de
« charité ont esté édifiés du don pieux de unze mille trois
« cents livres fait par dame Janne Roussier laquelle nasquit
« le 11 août 1583, vescut en fille singulièrement modeste
« 17 années et en vraye vefve pratiquant une exemplaire
« retraite, piété et charité jusques au mois d'avril 1640 que
« Sœurs Marie et Janne Bardonnanche, ses filles, estant re-
« ligieuses au monastère de Sainte-Catherine, et messire
« Jean Bardonnanche, son fils, prestre et de la Congrégation

placé sous la direction de la Commission administrative des hospices civils de Saint-Etienne.

Cette commission d'après la nouvelle loi de
1879, est composée : 1° du maire, *président* ;
2° de quatre membres nommés, sur la présentation du préfet, par le ministre de l'intérieur et
renouvelables annuellement par quart et in-
définiment rééligibles ; 3° de deux membres
nommés par le Conseil municipal.

La présidence appartient au maire ou à l'ad-
joint ou au conseiller municipal, remplissant
dans leur plénitude les fonctions de maire. Le
président a voix prépondérante en cas de partage.

La Commission nomme tous les ans un
vice-président. En cas d'absence du maire et
du vice-président, la présidence appartient au
plus ancien des membres présents, et, à défaut
d'ancienneté, au plus âgé.

Les fonctions de membre des Commissions

« de l'Oratoire de Jésus, elle fut receue religieuse au mesme
« monastère, où elle a passé avec édification le reste de sa
« vie, finie en terre le XI° mars 1646, pour jouir de l'éter-
« nelle au ciel. »

« *A SA MÉMOIRE*, les pauvres qui sont et seront in-
« troduits à ladvenir en ce lieu de charité, sont obligés de
« dire en ce sacré oratoire, tous les jours de dimanche, à
« cinq heures du soir, à haute voix, les litanies de la glo-
« rieuse Vierge-Marie, priant Dieu pour leur bienfaitrice et
« les siens ; les fidèles crestiens sont exortés à y joindre leurs
« prières et faire la charité aux pauvres. »

administratives hospitalières sont gratuites.

La Commission administrative de Saint-Etienne s'assemble les mardis et vendredis à l'hospice de la Charité, rue Valbenoîte, 40. C'est dans cet établissement qu'elle a réuni ses bureaux ; ils sont ouverts tous les jours non fériés de 9 heures du matin à 4 heures du soir.

Administrateurs des Hospices de St-Etienne :

MM. LE MAIRE, *président* ;
 VIER Louis, *vice-président* ;
 CUNIT Jean-Baptiste ;
 DELPHIN Guillaume, curé de Notre-Dame ;
 JOANNON Antoine ;
 DUCHAMP, délégué du Conseil municipal ;
 FAVRE, délégué du Conseil municipal ;

Bureaux :

MM. SYVETON, *receveur* ;
 BAROU Antoine, *économe* ;
 DUPLAIN, *secrétaire* ;
 GRANJON, *régisseur* ;
 VILLEMAGNE, *Enfants-Assistés.*

L'Hôpital reçoit : 1° Les malades civils, hommes et femmes de la ville et de la banlieue et les enfants au-dessus de l'âge de sept ans, atteints de maladies aiguës ou blessés accidentellement ; 2° Les femmes enceintes qui approchent du terme de leur grossesse ; 3° les femmes vénériennes sur un visa du maire ; 4° les malades militaires ou marins, suivant le traité passé avec l'autorité militaire ; 5° les voyageurs indigents sur un visa de la police.

L'admission dans l'Hôtel-Dieu n'est accordée régulièrement que par l'administrateur de service ou son délégué, et cela, hors les cas d'urgence, que sur un certificat de M. le maire ou des délégués désignés par lui, constatant que le malade ou blessé est domicilié à Saint-Etienne ou dans les anciennes communes actuellement comprises dans le périmètre de ladite commune de Saint-Etienne et connues sous les dénominations de sections de Valbenoîte, d'Outre-Furens, de Montaud et de Beaubrun. (Règlement du 1er juillet 1875).

Il prend, autant que possible, l'avis du médecin de service ou de l'interne.

Les admissions ont lieu, hors les cas d'urgence, à la visite du matin, de 8 à 9 heures.

Les femmes accouchées dans l'Hôtel-Dieu sont tenues d'en sortir, avec leur enfant, dans la quinzaine qui suit leur accouchement, à moins que, sur un rapport du médecin, l'administrateur ne juge convenable de prolonger leur séjour.

Les malades, à moins d'une autorisation spéciale de l'administration, ne peuvent séjourner plus de trois mois dans l'Hôtel-Dieu. Ceux reconnus incurables ne sont pas conservés.

Les voyageurs indigents ne peuvent y séjourner que trois jours.

L'administrateur de service ordonne la sortie immédiate des malades dès que le médecin a déclaré que cette sortie peut avoir lieu sans danger pour eux.

Le service religieux est fait par trois aumôniers.

Le service médical est confié à des médecins et chirurgiens, à des élèves externes et à une maîtresse-accoucheuse.

Le soin des malades est confié aux Sœurs de la Charité et de l'Instruction chrétienne de Nevers, fondées en 1680 et établies dans le diocèse de Lyon en 1702.

L'Hôtel-Dieu est gratuit ; cependant des services payants ont été établis. Il sont de 2 fr. par jour pour un lit ordinaire dans une des salles communes et de 5 fr. par jour dans une chambre particulière.

Le malade qui meurt et n'est pas réclamé est enterré aux frais de l'administration ou porté à l'amphithéâtre d'anatomie. S'il est réclamé, les parents acquittent les frais de son inhumation.

L'administration vend, au profit de la caisse des Hospices, les effets laissés par le défunt.

Des consultations gratuites sont établies dans l'Hôtel-Dieu, tous les jours, de 8 à 9 heures du matin.

Les morts de la ville, c'est-à-dire les corps des suicidés et ceux des personnes étrangères ou autres que l'on ne veut pas faire enterrer sont reçus au dépôt de l'Hôtel-Dieu (portail, cours de l'Hôpital), moyennant un certificat de la municipalité. Un service de corbillard, aux frais de la ville, transporte ces corps au cimetière. On leur rend les devoirs religieux, quand il y a lieu.

Les parents et amis des malades sont admis à les visiter le *jeudi* et le *dimanche*, de 2 à 4 heures du soir. Il n'y a d'exception que pour les malades en danger de mort que les parents peuvent obtenir de visiter tous les jours depuis la visite du médecin, à 9 heures du matin jusqu'à 4 heures du soir.

Il est interdit aux visiteurs d'introduire des comestibles ou des liquides sans autorisation.

Tout infirmier ou servant qui, sans y avoir été autorisé, introduit des objets de cette espèce, peut être immédiatement renvoyé.

—

Nota. — EAUX DE VICHY

(Traitement gratuit des indigents).

L'administration hospitalière de Vichy fait connaître que les salles destinées aux malades indigents du département de la Loire qui vont faire usage des eaux à l'hôpital civil de cette ville, seront ouvertes aux époques ci-après :

1re période, du 15 mai au 7 juin, 23 jours.

2me période, du 8 au 30 juin, 22 jours.

3me période, du 16 août au 7 septembre, 22 jours.

4me période, du 8 au 30 septembre, 22 jours.

Le prix de la journée est de 1 fr. 50.

Les admissions n'auront lieu que le premier jour de chaque période, à midi, sur la production des pièces suivantes :

1° Certificat délivré par le Maire, constatant l'indigence du postulant ;

2° Engagement souscrit par la commune d'acquitter les frais de séjour.

Cet engagement peut émaner aussi des Bureaux de bienfaisance ou de personnes charitables ;

3° Certificat de médecine constatant la nature, l'origine et la durée de la maladie qui a nécessité les eaux de Vichy.

4° Un extrait du rôle des contributions directes constatant que le malade ne paie pas plus de 15 fr. de contributions de toute nature.

Quand les communes croiront devoir solliciter le concours du département pour l'envoi de leurs malades à Vichy, elles devront faire parvenir les demandes des intéressés à la Préfecture, trois semaines avant le commencement de chacune des périodes et y joindre les pièces sus-indiquées. Dans ce cas, le contingent de la commune, du bureau de bienfaisance ou des personnes charitables est fixé à la moitié de la dépense.

(Mémorial de la Loire, 9 avril 1879.)

XLI

CONFRÉRIE DES AGONISANTS

Hôtel-Dieu : Rue des Moines, 1.

Cette Confrérie a été établie dans la chapelle de l'Hôtel-Dieu de Saint-Etienne, vers l'année 1666, sous le titre de confrérie des deux agonies de Notre-Seigneur Jésus-Christ : celle du Jardin des Oliviers et celle du Calvaire. Son but est de prier pour les âmes agonisantes et les malades, de s'exciter à une bonne vie par de salutaires réflexions sur la brièveté du temps présent et de se préparer dignement à une sainte mort.

Sa Sainteté le Pape Alexandre VII, par une bulle en date du 11 octobre 1666 lui a accordé de nombreuses et précieuses indulgences.

Le 6 décembre de la même année, le règlement de ladite confrérie a été approuvé par Antoine DE NEUVILLE, abbé de Saint-Just et vicaire général de Mgr l'Archevêque de Lyon. Et par une lettre du même vicaire-général du 9 janvier 1667, il est permis de donner la bénédiction du très-saint Sacrement avec le Saint Ciboire lorsqu'on vient prévenir MM. les aumôniers de l'Hôtel-Dieu qu'une personne se trouve à l'agonie. Cette bénédiction est précédée de la récitation des litanies des agonisants et d'autres prières. Cette permission a été renouvelée depuis.

S'adresser pour obtenir ces prières et la faveur de la bénédiction à MM. les aumôniers de l'Hôtel-Dieu.

XLII

HÔPITAL DU SOLEIL

Au Soleil : Paroisse Sainte-Barbe.

Cet hôpital, fondé par la Compagnie des Mines de la Loire et desservi par les Sœurs de Saint-Vincent-de-Paul, est destiné aux agents, employés ou ouvriers de la Compagnie, blessés ou malades.

XLIII

HÔPITAL MILITAIRE

(150 lits).

Rue des Moines, 1.

(Voyez Hôtel-Dieu, page 238).

XLIV

LA MATERNITÉ

Hôtel-Dieu : Rue des Moines, 1.

Les femmes sont soignées par une sage-femme en chef et au besoin par les médecins de l'Hôtel-Dieu.

On reçoit quelques élèves sages-femmes.

(Voir les conditions d'admission et de séjour à l'article Hôtel-Dieu).

XLV

ŒUVRE DES DAMES DU CALVAIRE

HOSPICE DE FEMMES INCURABLES PAUVRES

Rue Franklin, 57.

Cette Œuvre, connue sous le nom d'Association des Dames du Calvaire, a été fondée par Mme GARNIER, le 8 décembre 1842, à Lyon, et établie à Saint-Etienne par M. l'abbé LÉGAT en 1875.

Son but est de réunir les dames veuves en une grande famille pour les sanctifier et les consoler par l'exercice de la charité.

L'Œuvre reçoit des femmes incurables, atteintes de plaies vives, qui ne peuvent être reçues ou gardées assez longtemps dans les hôpitaux. Les maladies intérieures ne sont pas admises.

L'Association se compose de dames veuves *Sociétaires*, qui résident dans l'hospice et soignent les malades jour et nuit. Elles ne font aucun vœu et ne portent pas le costume religieux.

Au dehors de l'hospice, l'Association comprend : 1° les dames veuves *Agrégées*, qui prennent aux travaux de l'hospice une part aussi grande que possible ; 2° les dames veuves *Zélatrices*, qui s'occupent d'une manière régulière de l'augmentation du personnel et des ressources de l'Œuvre ; 3° de toutes les personnes *Associées* qui concourent à l'entretien de l'hospice par une aumône, dont le minimum est fixé à 20 fr.

Un don de 1,000 fr. donne le titre de *Fondateur*, avec droit à l'entrée d'une malade.

Un don de 10,000 fr. assure à perpétuité la fondation d'un lit dans l'hospice.

Les provisions en nature, le linge neuf ou vieux, la charpie, etc., sont reçus à l'hospice avec reconnaissance.

S'adresser pour tous les renseignements à MM. les Curés de Saint-Etienne et de Saint-Louis, à Mme la Supérieure de l'hospice, rue Franklin, 57. *Supérieure :* Mme veuve BESSON-GIDROL ; *Secrétaire :* Mlle A.-M.-Mélanie MOUTON.

XLVI

ŒUVRE DES CONVALESCENTS

Hôtel-Dieu : Rue des Moines, 1.

L'Œuvre des convalescents a eu pour fondateur M. l'abbé POYET, alors aumônier de l'Hôtel-Dieu.

C'est en 1854 que cette belle association se constitua.

Les fonctions de M. l'abbé POYET l'avaient mis à même de le convaincre de la déplorable situation, de l'état navrant dans lequel se trouvaient un grand nombre de convalescents à leur sortie de l'Hôtel-Dieu.

Ceux que la nécessité force d'entrer à l'Hôpital sont des pères et des mères de familles, des ouvriers stéphanois et étrangers, des domestiques venus de la campagne. Les uns et les autres n'ont demandé un asile à cette maison hospitalière que lorsque toutes leurs ressources étaient épuisées.

Guéris, que peuvent-ils devenir ?

Les forces du convalescent ont été appauvries par la maladie ; il a besoin de ménagement avant de reprendre ses occupations. Au premier moment, quand il rentre au logis, il retrouve la détresse parmi les siens, ou, s'il est seul, la misère la plus extrême sur le seuil de sa chambre nue. Le métier chôme ou la place peut être perdue et l'ouvrier sans travail, que la maladie a visité, est, en même temps, sans pain, et, on peut le dire avec raison, sans vêtements. Car, quand la faim a élu domicile dans la maison, on ne songe guère à remplacer les vieux habits et le linge en mauvais état. On vise au plus pressé.

Il y avait une lacune à combler, un grand service à rendre.

M. l'abbé POYET, qui avait la passion du bien, n'hésita pas. Il se mit à l'œuvre avec le concours des dames généreuses et dévouées de notre ville, qui ne savent refuser leur sympathie à aucune infortune et se font un bonheur de contribuer à leur soulagement.

L'Œuvre des Convalescents a grandi depuis 26 ans. Elle intervient très-utilement au moment où les malades, un peu remis de leurs souffrances, quittent l'Hôtel-Dieu, se retrouvent seul et souvent sans ressources, incapables de pourvoir aux premières néccssités.

Aux uns elle fournit provisoirement un logement, les remèdes à continuer pendant la convalescence ; elle se charge des frais de route pour d'autres que le médecin renvoie dans leur pays natal ou à qui il conseille une saison d'eaux ; à presque tous elle distribue des bons de pain, de charbon et de viande, des vêtements, tricots, flanelles, chemises, pantalons, vestes, robes, jupes, bas, sabots, souliers, etc. Elle accorde également un trousseau pour les enfants légitimes nés à la Maternité et un large secours à leurs mères.

Conçue dans un grand esprit de charité, elle est la même pour tous ; elle ne regarde ni à la religion ni au pays, elle ne voit dans tous les convalescents qui sortent de l'Hôtel-Dieu que des malheureux qui ont besoin d'être assistés et elle les assiste dans une égale mesure.

Les secours sont aussi importants que variés. Les vêtements et le linge sont confectionnés par quelques-unes des dames dévouées à l'Œuvre. Elles se réunissent une fois par semaine dans ce but.

Les ressources se composent de souscriptions annuelles de 12 fr., d'offrandes particulières et de quêtes faites aux réunions mensuelles et aux fêtes de l'Œuvre.

L'Œuvre des Convalescents est administrée par un Conseil formé de cinq membres. A la fin de l'année, un compte-rendu des recettes et des dépenses est remis à chaque associé.

Directeur : M. l'abbé Giraud, aumônier de l'Hôtel-Dieu ;

Présidente : Mme Balay-Paillon, rue Mi-Carême ;

Vice-présidente : Mme Giron-Calonnier, rue des Jardins, 26 ;

Trésorière : Mlle Neyret, rue du Jeu-de-l'Arc, 10.

Secrétaire : Mme Fauvain, rue du Palais-de-Justice.

XLVII

HOSPICE DE LA CHARITÉ

(6oo lits).

Rue Valbenoîte, 40.

C'est au zèle et à la puissante initiative de messire Guy Colombet, curé de Saint-Etienne, que la maison de Charité doit son existence (1). Par ses soins, une assemblée de notables habitants se réunit en la maison de ville, le 10 novembre 1682, sous la présidence de Mgr Lefèvre d'Ormesson, intendant de la justice, police et finances des provinces du Lyonnais, Forez et Beaujolais. On y dressa d'abord les statuts et règlements dont voici l'intéressant préambule : « Sa Majesté voulant dans tous « ses Etats faire travailler les fainéants, chas- « ser les vagabonds et personnes sans aveu et « faire cesser la mendicité, a, par sa déclaration « en forme d'édit du mois de juin 1662, or- « donné qu'il serait établi, dans toutes les villes « et bourgs de son royaume, des hôpitaux gé-

---

(1) Les documents qui suivent sont puisés à peu près tex- tuellement dans l'intéressante monographie de M. Teste- noires-Lafayette : *Souvenirs du vieux Saint-Etienne.*

« néraux pour y renfermer les pauvres men-
« diants originaires, non-seulement pour les
« nourrir, mais encore pour les élever dans la
« piété et faire travailler ceux qui sont capables
« de pouvoir le faire. Mgr l'archevêque, qui
« est toujours prêt à seconder les intentions de
« Sa Majesté et à procurer le bien de son dio-
« cèse, a invité les principales villes et notam-
« ment celle de Saint-Etienne à concourir à
« son désir par l'établissement d'une maison
« de Charité qui y était plus nécessaire qu'en
« nulle autre, à cause des grandes fabriques de
« la soie et du fer qui s'y font, et dont les ou-
« vriers ou artistes désertaient journellement
« ou s'adonnaient à mendier, à l'oisiveté et
« fainéantise, par un vice contagieux qui se
« communiquait des uns aux autres et délais-
« saient le travail auquel ils ne revenaient
« plus... »

Les règlements de l'Œuvre nouvelle furent
rédigés en 73 articles et sont demeurés comme
un monument de la sagesse, des soins et de la
pieuse charité des anciens habitants de Saint-
Etienne. Mgr Camille de Neuville les approuva
par ordonnance du 20 juillet 1683. Un an plus
tard, Louis XIV, en son conseil d'Etat tenu à
Fontainebleau, le 23 octobre 1684, confirma et
autorisa l'élection de la maison de Charité de
Saint-Etienne. Des lettres patentes du roi don-

nées à Versailles en mars 1685 accordèrent à
l'établissement de nouvelles faveurs et augmen-
tèrent les prérogatives des administrateurs :
« Voulons et nous plaît que tous les mendiants
« de la ville et faubourgs de Saint-Etienne
« soient enfermés en un lieu de ladite ville qui
« a été ou sera choisi par les directeurs et ad-
« ministrateurs de la maison de Charité, auquel
« lieu les pauvres seront employés aux manu-
« factures et autres ouvrages de travail selon
« l'ordre et manière qu'il sera par les adminis-
« trateurs jugé à propos. Voulons que ledit lieu
« soit nommé à l'avenir Notre-Dame de la
« Charité, dont nous voulons être protecteur
« et conservateur, sans qu'il dépende en quel-
« que façon de notre grand aumônier ni d'au-
« cun de nos officiers. »

En ce temps de nos vieilles franchises, les
lettres patentes comme les autres actes de l'autorité royale avaient besoin d'enregistrement,
et préalablement dans les matières ecclésiastiques on demandait le consentement épiscopal.
Ce consentement à l'enregistrement des lettres
patentes pour l'érection de la maison de Charité
de Saint-Etienne fut accordé avec joie par Mgr
Camille de Neuville, le 23 mai 1685.

Cependant, le vénérable M. Colombet, s'ef-
forçant ainsi d'intéresser à son œuvre les magis-
trats de la ville, l'Archevêque, le Conseil d'Etat,

9

le roi lui-même, n'avait pas attendu pour agir ces hautes approbations. Dès le 11 juin 1682, à la tête d'une procession générale, il conduisait cent vingt pauvres, jeunes et vieux, dans la maison de Mlle de Maisonnette, rue Tarentaise, devançant dans son audacieuse charité les autorisations du pouvoir et les bienfaits du public. Ni les unes ni les autres ne devaient lui faire défaut et déjà la charité des habitants de Saint-Etienne pourvoyait généreusement à la nourriture et à l'entretien des pensionnaires du bon curé, « ledit jour de Saint-Barnabé, les char-
« rettes au nombre de huit ayant roulé par la
« ville pour pouvoir porter les meubles que
« l'on exposait dans les rues et que d'autres
« jetaient par les fenêtres avec un empressement
« que l'on ne peut croire sans l'avoir vu. »

En attendant, les sommes destinées à l'érection du saint asile affluaient dans les mains du digne pasteur, « les plus zélés d'entre les habi-
« tants ayant fait un fonds de près de trente
« mille livres par des promesses et billets, en
« outre de celui de quinze mille fait par aucuns
« originaire de la ville et résidant à Lyon, pour
« donner commencement à cet établissement. »

Aussi huit ans plus tard, le 19 septembre 1690, alors que plus rien ne pouvait manquer à la réalisation d'une Œuvre si chère, vit-on l'infatigable M. Colombet partir de son église, accompagné de la ville entière. Il allait, délégué par son Archevêque, bénir la première pierre de la maison définitive du nouvel Hospice de la Charité, dans le lieu même où il est aujourd'hui et qui s'appelait le bois de Vincennes.

Cette maison à peine fondée rendit d'inappréciables services, surtout durant une affreuse disette qui affligea la ville de Saint-Etienne, en 1693, et dont le poète Chapelon a si bien décrit les angoisses. Deux siècles seront bientôt écoulés et l'Œuvre de M. Colombet, dont la mémoire est restée en bénédiction, subsiste toujours, ayant reçu avec le temps de notables agrandissements. Au milieu du dix-huitième siècle, trois cents pauvres y recevaient un abri, leur nombre aujourd'hui s'élève à six cents.

L'Hospice de la Charité a la même administration que l'Hôtel-Dieu. Il est dirigé par les Sœurs de Saint-Vincent-de-Paul.

L'Hospice reçoit : 1º les vieillards indigents et valides des deux sexes après l'âge de soixante-et-dix ans ; 2º les incurables indigents des deux sexes, que leurs infirmités empêchent de pourvoir à leur existence ; 3º les orphelins pauvres de six à douze ans, que l'on place aussitôt que leur éducation industrielle leur permet de gagner leur vie ; 4º les enfants scrofuleux depuis l'âge de six ans, à titre de soulagement temporaire pour les familles nombreuses ; 5º les aliénés, comme dépôt de passage, aux frais des communes ; 6° les idiots et les épileptiques des deux sexes.

L'admission dans l'Hospice ne peut être prononcée que par délibération de la Commission administrative.

Les pièces à présenter pour être inscrit et admis à l'Hospice de la Charité sont les suivantes : 1° l'extrait de naissance ; 2° un certificat constatant un séjour de 20 années à Saint-Etienne ; 3° un certificat d'indigence délivré par le Bureau de bienfaisance ; 4° pour les incurables, un certificat des médecins des établissements attestant l'impossibilité où ils sont d'obtenir leur guérison complète et de travailler pour vivre.

Les inscriptions et les admissions ont lieu le *mardi* de chaque semaine, à l'Hospice de la Charité. rue Valbenoîte, 40, à 10 heures 1/2 du matin.

XLVIII

PETITES-SŒURS DES PAUVRES

HOMMES ET FEMMES

(238 lits)

Rue Denis-Epitalon.

L'Œuvre, fondée en 1740 par deux jeunes ouvrières de Saint-Malo et une pauvre servante

norımée Jeanne JUDAN, a pour but de donner
un asile gratuit aux pauvres vieillards des deux
sexes en recueillant chaque jour par des quêtes
à domicile les vivres, la desserte des tables, les
dons de tout genre nécessaires pour subvenir
à l'entretien des pensionnaires. Les dons en
argent sont reçus, mais ils doivent pouvoir être
immédiatement employés, les règles de la Congrégation lui interdisant d'avoir aucun revenu.
Les vieillards valides s'occupent dans la maison
selon leurs forces; ceux qui sont malades ou
infirmes reçoivent les soins les plus assidus.

La maison de Saint-Etienne a été fondée en
1856 et doit, en grande partie, son développement actuel à un homme de bien dont s'honore
notre ville, M. DENIS EPITALON.

Les conditions d'admission sont d'être âgé
au moins de 60 ans et d'être privé de tout
moyen d'existence.

S'adresser, pour les admissions, à Mme la
Supérieure, rue Denis-Epitalon.

XLIX

INSTITUTION DES SOURDS-MUETS

DIRIGÉ PAR LES FRÈRES DES ÉCOLES CHRÉTIENNES

Rue Franklin, 40, Colline Sainte-Barbe.

Les élèves sont, en général, reçus de 7 à 15

ans, et même au-delà, lorsqu'ils annoncent beaucoup d'intelligence et un grand désir de s'instruire.

Il y a des Sourds-Muets dépourvus de toute culture intellectuelle qu'on a reçu à 45 et à 5o ans. Après quelques années passées dans la Maison, ils ont pu être admis à faire leur première communion. La réussite ne peut cependant être attendue qu'autant que l'intelligence de ces Sourds-Muets d'un âge aussi avancé n'est pas notablement affaiblie.

Le prix de la pension est de 35o fr.

Pour faciliter l'admission d'un grand nombre de Sourds-Muets pauvres, l'Etablissement, moyennant la somme de 3oo fr., reçoit également les Sourds-Muets boursiers des départements, des communes et des bureaux de bienfaisance.

Toute demande d'admission doit être adressée d'avance au Frère Directeur de l'Etablissement, et être accompagnée de l'extrait de baptême et d'un certificat constatant que l'élève n'est atteint d'aucune infirmité dangereuse, qu'il a eu la petite vérole ou qu'il a été vacciné.

Voir aussi pages 123 et 126.

L

INSTITUTION DES SOURDES-MUETTES ([1])

DIRIGÉE PAR LES SŒURS SAINT-CHARLES

Rue Fontainebleau.

Cette utile Institution a été fondée à Saint-Etienne en 1828. On admet les jeunes filles Sourdes-Muettes depuis l'âge de 7 ans jusqu'à 20 ans environ.

Le nombre de places est d'environ 120.

La pension est de 350 fr. par an. Les bourses sont de 300 fr. Le département de la Loire y entretient 14 pensionnaires.

A l'Institution est joint un externat de jeunes filles payant une rétribution scolaire.

Directrice : Sœur SAINTE-DOSITHÉE.

LI

SOCIÉTÉ CHARITABLE DE SAINT-FRANÇOIS-RÉGIS

Secrétariat : Rue de la Bourse, 10, au 1ᵉʳ, dans la cour.

Cette Société, fondée à Paris, en 1826, par M. GOSSIN, et établie à Saint-Etienne depuis 1844, a pour but de faciliter le mariage civil

([1]) Voir aussi à la page 125 et 126.

et religieux des gens pauvres, et la légitimation de leurs enfants naturels.

L'Œuvre est administrée par un Conseil de vingt membres.

Un secrétaire est chargé de tout ce qui concerne la correspondance, les recherches de pièces et les formalités.

Des visiteurs dans chaque paroisse sont à la disposition des personnes qui ont besoin de recourir à la Société. C'est au zèle persévérant de ces bons visiteurs que sont dûs les résultats obtenus par l'Œuvre.

Enfin, la Société se compose de tous les souscripteurs à l'annuel de l'Œuvre qui est fixé à 10 fr.

S'adresser pour le payement de l'annuel et pour les dons à M. L.-A. MERLLIÉ, trésorier, rue des Jardins, 11; *pour les formalités relatives aux mariages,* au secrétariat, rue de la Paix, 10, au 1er dans la cour. Bureau ouvert le dimanche, de 11 heures à midi, les mardi, mercredi, jeudi, vendredi et samedi, de 6 heures à 7 heures 1/2 du soir.

COMITÉ DE SAINT-ETIENNE

Président : M. TESTENOIRE-LAFAYETTE, rue de la Bourse, 28.

Vice-Président : M. ADRIEN BAYON, rue de la Bourse.

Trésorier : M. L.-A. MERLLIÉ, rue des Jardins, 11.

Secrétaire : M. J. VILLEMAGNE, rue de la Paix, 10.

LII

COLONIE DE SAINT-GENEST-LERPT

DIRIGÉE PAR LA CONGRÉGATION DE SAINT-JOSEPH

A Saint-Genest-Lerpt, près de Saint-Etienne (Loire).

Cet établissement a été fondé en 1866 avec le concours de riches et généreux habitants de Saint-Etienne.

Il recueille les enfants abandonnés, vagabonds, insoumis, ceux qui par leur conduite donnent des inquiétudes à leur famille. Les enfants condamnés sont exclus.

Travaux agricoles et industriels.

S'adresser pour les offrandes, les dons et pour les renseignements et les demandes d'admission à M. le Directeur de la Colonie, à Saint-Genest-Lerpt, près Saint-Etienne (Loire).

LIII

L'Œuvre du Refuge a commencé à Saint-Etienne vers l'année 1837, dans une maison de la rue des Deux-Amis. Elle a été dirigée d'abord par deux ouvrières de la maison David, qui s'y dévouèrent sous l'inspiration de Mmes David et Foujols. L'une de ces deux premières directrices, nommée Marguerite Vallat, était parente de Reine Françon, la fondatrice du Pieux-Secours, qui l'a souvent aidée de ses conseils et de ses encouragements. Les Religieuses de Saint-Joseph en ont pris la direction en 1838 et l'ont établi dans son local actuel, rue du Haut-Tardy.

Le but de cette Œuvre est de recueillir les jeunes filles qui ont besoin d'être placées sous une surveillance toute particulière. On admet celles qui ont à se reprocher quelque légèreté de conduite ; mais on ne prend pas celles qui sont tombées.

Une classe spéciale a été créé pour celles des pénitentes qui veulent finir leur existence dans la maison.

Elles consacrent leur temps à la prière et à des travaux de couture.

Les ressources de l'Œuvre consistent dans les sommes payées par les familles aisées, le produit du travail et les dons de la charité.

S'adresser pour les admissions à Mme la Supérieure.

LIV

ŒUVRE DES PRISONS
OU ŒUVRE DU MANTEAU DE SAINT-MARTIN

M. l'Aumônier des Prisons, grande rue Saint-Roch, 96.

La ville de Saint-Etienne possédait autrefois une Confrérie dont le but principal était le soulagement des prisonniers. Cette Œuvre n'existe plus depuis quelques années, mais les besoins sont toujours les mêmes, et plus grands encore à cause de l'accroissement de la population.

C'est pour suppléer autant que possible au bien que faisait l'ancienne Confrérie qu'on a établi l'Œuvre des Prisons ou du Manteau de Saint-Martin, comme elle est connue à Lyon.

Elle a pour but de venir en aide aux prisonniers au moment de leur sortie de la prison.

Fournir aux détenus qui ont fini leur peine les vêtements indispensables, leur donner le moyen de vivre pendant un jour ou deux en attendant qu'ils aient pu se procurer du travail ; payer le voyage des personnes qui désirent entrer dans un refuge, donner aux cérémonies de l'Eglise l'éclat nécessaire pour intéresser les prisonniers et leur faire du bien; procurer aussi quelques soulagements et même quelques douceurs aux détenus malades, tel est le but que l'Œuvre se propose.

Les personnes charitables peuvent faire partie de l'Œuvre en versant chaque année une annuité de 5 fr. au minimum, entre les mains de M. l'Aumônier de la prison ou de la personne qu'il délègue pour la recueillir à domicile.

On accepte avec reconnaissance les dons en nature, tels que vieux vêtements, chaussures, livres, etc. On peut les faire déposer chez M. l'abbé BIGEL, aumônier de la Prison, rue Saint-Roch, 96.

LV

BIBLIOTHÈQUE GÉNÉRALE DES BONS LIVRES
Rue de la Bourse, 14, au 1er, dans la cour.

Outre les bibliothèques paroissiales, il existe dans notre ville une Bibliothèque générale des Bons Livres.

La *Bibliothèque générale des Bons Livres* se compose de plus de 7,000 volumes inscrits sur un catalogue par ordre de matières.

Conditions d'abonnement :

1re série : 6 fr. par an, donnant droit à 2 volumes à la fois, renouvelables lorsqu'ils seront lus par l'abonné, sans cependant dépasser 12 volumes par mois.

2me série : 3 fr. par an pour un volume par semaine.

Ouverture : la semaine de 1 heure à 3 heures et le dimanche et les lundis de Pâques et de la Pentecôte, de 9 heures du matin à midi.

La Bibliothèque ne s'ouvre pas le jour de l'an, les jours de Pâques, de l'Ascension, de la Pentecôte, de l'Assomption, de la Toussaint et de Noël.

On ne doit jamais, sans en donner avis au bibliothécaire, garder un ouvrage plus d'un mois.

Tout abonné qui perd ou endommage un volume doit indemniser la bibliothèque.

Avis essentiel. — Les livres non rentrés à l'échéance de l'abonnement supposent un renouvellement d'abonnement exigible.

Les abonnements sont payables d'avance au siége de la Bibliothèque contre un reçu signé du Directeur.

L'abonné recevra également une carte de service portant le folio de son compte à la date de son abonnement, et il devra la présenter chaque fois qu'il échangera ses livres.

Secrétaire : M. GACHET, avocat, rue de la Bourse, 29.

Imprimatur.

TABLE

CHAPITRE I

ŒUVRES ET INSTITUTIONS GÉNÉRALES DE L'ÉGLISE

CHAPITRE II

ŒUVRES ET INSTITUTIONS NATIONALES

CHAPITRE III

ŒUVRES ET INSTITUTIONS DIOCÉSAINES

CHAPITRE IV

ŒUVRES PAROISSIALES ET LOCALES

SAINT-ÉTIENNE, IMPRIMERIE F. FORESTIER.